Dominique Viseux · Du lebst auch im Jenseits

Bibliographische Information der Deutschen Bibliothek:
Die Deutsche Bibliothek verzeichnet diese Publikation in der
Deutschen Nationalbibliografie;
detaillierte bibliografische Daten sind im Internet über
http://dnb.ddb.de abrufbar.

Die Originalausgabe erschien 1989 unter dem Titel
La mort & les etats posthumes selon les grandes traditions,
Guy Tredaniel Editions de La Maisnie, Paris
2. Auflage, Eugen Diederichs Verlag, München 1994
3. Auflage

Satz und Titelgestaltung: Nicolas Vassiliev
Titelbild: Nicolas Vassiliev
Druck: Books on Demand GmbH, Norderstedt

ISBN 978-3-939647-25-6
www.edition-pleroma.de
E-Mail: info@edition-pleroma.de

Dominique Viseux

Du lebst auch im Jenseits

Das Leben nach dem Tod
in den großen Kulturen

Aus dem Französischen
von Clemens Wilhelm

Edition Pleroma

Inhalt

Vorwort zur dritten Auflage

Leben um jeden Preis! So lautet die moderne Devise. Das menschliche Bewusstsein reduziert sich heutzutage auf die materielle Weltsicht und folgt vornehmlich den Erfordernissen der Körperlichkeit. Unzählige Menschen verzichten auf ein gemeinsames geistiges Band, das sie mit dem kulturellen Kern der Jahrtausende verbinden könnte, ohne diesen Verlust als schmerzlich zu empfinden. Auch die zeitgenössische Philosophie beschränkt sich darauf, intellektuelle Werte zu pflegen, die keinerlei Anspruch auf die Erhebung der Seele aus dem Erdenstaub verfolgen, wie es das philosophische Erbe der Antike gebieten würde. Sogar die Psychologie ordnet sich naturwissenschaftlichen Erklärungen unter und verwirft den Segen von Mythologie und Religion, da sie darin lediglich eine Ansammlung neurotischer Manifestationen vermutet. Wer davon überzeugt ist, dass Religion keinen höheren Sinn eröffnet, weigert sich natürlich auch, das irdische Dasein um die Option einer erfahrbaren Jenseitskunde zu ergänzen. Obgleich es das Vorrecht der Intelligenz wäre, die körperlose Ewigkeit als einzige polare Vollendung manifestierter Zeitlichkeit in Betracht zu ziehen. In früheren Zeiträumen waren es die namhaften Totenbücher, die der

Seele bereits im Diesseits Unterweisungen schenkten, damit sie sich im Jenseits zu prüfen verstand. Das Jenseits kennt keine festen Formen, aber die Seele gelangt im Vorgang des Sterbens in ein Zwischenreich, in dem sie mit der Fähigkeit der Imagination ausgestattet ist. Hier erbaut sie sich selbst Räume aus inneren Bildern, die ihrem Entwicklungsgrad entsprechen. Die bereits zu Lebzeiten erlernte Kunst, ihren tatsächlichen Zustand anhand ihrer eigenen Fiktionen zu erkennen, ermöglicht der Seele erprobte zeremonielle Richtungen einzuschlagen, die ihre Befähigung fördern, sich einen unsterblichen Leib, den sogenannten Diamantleib für die Ewigkeit zu erschaffen. Dieser Prozess heißt im Christentum Auferstehung. Er ist maßgebend für die Vereinigung mit dem höchstmöglichen Seinsprinzip, das in den Religionen Gott oder All-Geist genannt wird. Ich und der Vater sind Eins – dieses Jesuswort knüpft an die Verschmelzung mit der Gottheit an. Die verschiedenen tradierten Unterweisungen über das Jenseits sind sich dahingehend einig, dass nach dem Sterben keine Möglichkeit mehr besteht, an der Erhabenheit der Seele zu arbeiten, wenn dies nicht schon im Diesseits vorbereitet wurde. Deshalb besteht aus religiöser Sicht die Pflicht, schon im irdischen Leben die Besonderheit jenseitiger Verhältnisse zu verinnerlichen.

Wer freilich noch nicht einmal daran glaubt, eine jenseitige Existenz führen zu können, wird im Reich seiner inneren Bilder auch nichts vorfinden, das die Seele im Zwischenreich noch imaginieren könnte, wenn die Gehirntätigkeit langsam erlischt. In einem solchen Fall löst sich die zu Lebzeiten erwirkte Individualität bereits im Vorfeld zum Jenseits auf, und die Seele verschmilzt mit einer Gruppenseele, zu der sie in Resonanz schwingt. Aus dieser werden sich Anteile lösen und reinkarnieren, um wiederum eine Individuation in der Hoffnung anzustreben, dieses Vorhaben diesmal besser zu meistern. In solchen Vorstellungen haben sich die Vorgänge in den Jenseitskunden der Kulturen überliefert. Es bleibt dem Erdenbürger selbst überlassen, ob er den Empfehlungen einer diesseitigen Vorwegnahme des Jenseitsgeschehens folgt oder solche Gedanken als unzutreffend verwirft. Die folgenden Zitate geben hierüber Aufschluss und finden sich sinngemäß ebenso im Tibetanischen und Ägyptischen Totenbuch wieder.

> *Wir müssen die Werke dessen vollbringen,*
> *der mich gesandt hat,*
> *solange es Tag ist; es kommt die Nacht,*
> *da niemand zu wirken vermag.*
> *(Joh 9,4)*

Tue alles, was Deine Hand
mit Hilfe Deiner Kraft zu tun vermag,
denn im Grab, in das Du gehst,
gibt es kein Wirken,
keine Vernunft, keine Weisheit
und keine Wissenschaft.
(Sohar I.196b)

Mögen diese Hinweise ausreichen, den Leser und die Leserin zu motivieren, die sechs überlieferten Kultgeschehen, die der Autor Dominique Viseux in hervorragender Weise nebeneinander stellt, mit der Weisheit ihrer Seelen zu betrachten. Vielleicht eröffnen sich nach der Lektüre besondere Wege, auf denen die Seele heimfindet zu den Herdfeuern der Mysterien.

Gabriele Quinque,
Frankfurt am Main, 2014

I. TEIL

ERÖRTERUNG DER LEHREN

Das Totenbuch der Ägypter

Das Studium des *Totenbuches der Ägypter* (wörtlich: Buch des Aufstiegs zum Tageslicht) bietet Schwierigkeiten auf verschiedenen Ebenen. Zum einen haben wir es mit einer untergegangenen Tradition zu tun, deren Texte in einer heiligen Sprache verfasst sind, das heißt verschiedene Bedeutungen haben können. Zum anderen ist der Geist dieser Tradition besonders reich an Symbolen, die niemals starre Grenzen haben. Und schließlich befasst sich das Thema vor allem mit der psychischen Erscheinungsform des menschlichen Seinszustands und hier ist wie nirgendwo sonst Beweglichkeit und Unschärfe. Hinzu kommt, dass das Buch aus einer Aneinanderreihung von Anrufungen und Empfehlungen für den Verstorbenen ohne ersichtliche chronologische Reihenfolge besteht, dass also keine durchgängige Lehre vorgelegt wird.

Wir haben nicht die Absicht, uns in diesem Kapitel mit allen Einzelheiten der seelisch-geistigen Verfassung des ägyptischen Menschen nach dem Tod auseinanderzusetzen, die zu zahlreichen Kontroversen Anlass gab (insbesondere hinsichtlich des »Ba« und des »Ka«), noch wollen wir die verschiedenen Regionen des Todes im Einzelnen darstellen, die ohnehin von der Wahrnehmung des Verstorbenen abhängen. Der Nutzen, den man in unserer Zeit und mit unserer Denkart aus einem Text wie dem *Ägyptischen Totenbuch* ziehen kann, liegt unserer Auffassung nach in einem ganz anderen Bereich, nämlich vor allen Dingen in der eigentlichen Erfahrung des Zustands nach dem Tod und in den Empfehlungen, wie diese zu einem heilbringenden Ende geführt werden können.

Die Bestattungsrituale

An erster Stelle der zahlreichen und komplexen Bestattungspraktiken stand die Einbalsamierung. Diese unter der Schirmherrschaft des Anubis, der schakalköpfigen Gottheit, durchgeführte Maßnahme sollte den Körper des Toten nach der vollständigen oder teilweisen Entfernung der inneren Organe für alle Zeiten vor dem Verfall bewahren. Das Herz blieb in der Brust, sofern es nicht durch das Bildnis eines Skarabäus ersetzt wurde. Die Hauptorgane wurden ebenfalls einbalsamiert und in vier Steinkrügen (Kanopen) beigesetzt, die die vier Horussöhne darstellten: Amset (Mensch) enthielt die Leber; Hapi (Hund) enthielt die Lungen; Duamutef (Pavian) den Magen und Kebehsenuf (Falke) den Dünndarm. In diesen Organen war ein geheimnisvolles Wissen beschlossen, das dem Verstorbenen von den Dienern des Thot (hundsköpfig) verliehen wurde (75). Möglicherweise repräsentierten sie vier wichtige Funktionen des organischen und Lebensbewusstseins des Toten.

Die Einbalsamierung des eigentlichen Körpers hatte vor allen Dingen das Ziel, das Bildnis eines stabilen Gehäuses zu erhalten, an dem sich die spirituelle und flüchtige Seele (Ba) anheften konnte, um der Auflösung zu entgehen (89). Aus diesem Grund kann man sagen, dass der einbalsamierte Körper (Chet) das Bild des Bewusstseins (Ka) war, das dem Verfall preisgegeben war (und nicht umgekehrt). Der Tote hatte vor allen Dingen die Fäulnis zu fürchten, die Zersetzung, »die Vernichtung in Gestank und Verwesung« dessen, was für ihn das Bewusstsein des an einem festen Punkt des Universums verdichteten Ichs war. Wenn dieses Bewusstsein durch den Verlust der Erinnerungsfähigkeit oder irgendeine andere Veränderung der Fähigkeiten zerstört würde, würde der Verstorbene einen zweiten, schrecklicheren Tod sterben (154).

Im ganzen Totenbuch wird der Verstorbene mit Osiris gleichgesetzt, der niemand anderer ist als das Bild des Urmenschen, den Seth tötete und zerstückelte und der dann zum Herrn der natürlichen Kreisläufe und der Wiedergeburten wird. Damit balsamierte der Verstorbene symbolisch die Glieder des Osiris ein, während er selbst die Einbalsamierung empfing, was wiederum bedeutet, dass er das Bewusstsein (Ka) des individuell inkarnierten kosmischen Menschen vor dem Zerfall bewahrte (154). Durch diese Tat konnte er hoffen, mit dem Gott Chepri (Skarabäus), dem Herrn der Zukunft und der göttlichen Metamorphosen (154), eins zu werden, das heißt Herr seines eigenen Schicksals zu werden.

In der zweiten Phase der Mumifizierung wurde der Körper des Toten in Binden eingewickelt. In dieser Form wird im Allgemeinen Osiris sowie Min (die osirische Fruchtbarkeit) und Ptah (die dem Stoff innewohnende schöpferische Energie) dargestellt. Die Funktion dieser Binden bestand wahrscheinlich darin, die Glieder des Osiris zusammenzuhalten; wenn es heißt, dass sie unheilvoll und ein Erbe Seths sind (23), dann deshalb, weil Seth, die analytische und trennende Kraft, die ursprüngliche Einheit des Bewusstseins (Ka) zerstört, indem er die Glieder des Osiris zerstreut, und weil Seth andererseits versucht, die Lebens- und Schöpferkraft des Osiris zu fixieren, indem er sie an der Welt der Körper festheftet (siehe die Darstellungen von Min und Ptah).

Wenn der Leichnam mumifiziert war, folgte die Zeremonie der »Öffnung des Mundes«, die dem Toten symbolisch die »Macht des Mundes« in der anderen Welt zurückgeben und dadurch den Mund der Götter öffnen (23), das heißt ihm seine eigenen Fähigkeiten zurückgeben sollte. Diese Fähigkeit, die für das Leben nach dem Tod von größter Bedeutung war, erlaubte es, die Dämonen durch Aussprechen ihres Namens zu verfluchen, sich während des Gerichts zu rechtfertigen und Zauberworte auszusprechen, die die Pforten früherer Seinszustände öffneten.

Rings um den Verstorbenen wurden anschließend Zauberfigürchen (Uschebti) aufgestellt, deren Rolle es war, alle Verfluchungen und Strafen abzufangen, die die Wächter der Unterwelt (Duat) dem Verstorbenen zugedacht hatten (6.151). Ohne diese Zauberfigürchen wären möglicherweise die Flüche auf den Schatten (Khaibit) des Toten gekommen, wodurch die Entwicklung nach dem Tod verzögert worden wäre. Dieser Schatten, eine zurückbleibende psychische Entität, in die sich das Wirken des individuellen Bewusstseins (Ka) und des organischen Bewusstseins eingeprägt hatte, konnte sich nur auflösen, wenn er von allen elementaren Begierden befreit wurde, mit denen ihn das Bewusstsein befrachtet und deren Erinnerung ihm eingeprägt war. Hieraus wird wiederum klar, warum der Verlust des Ka den Verstorbenen in eine tödliche Gefahr brachte, denn wenn die spirituelle Seele (Ba) keinen anderen Träger mehr hatte als den Schatten (Khaibit), war sie zur Auflösung verdammt.

Ein weiteres wichtiges Element des Bestattungsrituals bestand in der Bereitstellung von Opfergaben für den Verstorbenen, die im Allgemeinen für den Ka bestimmt waren, das heißt für das Bewusstsein in seinem individuellen Aspekt, das noch vom organischen Leben abhängig war. Man muss hier darauf hinweisen, dass sich der Ka als Bewusstsein und Träger der Identität des Verstorbenen je nach dem Grad der im Dasein erlangten Verwirklichung unter verschiedenen Aspekten manifestieren konnte. Man kann daher unterscheiden zwischen dem in den Eingeweiden, dem Zentrum der Instinkte und der animalischen Lebenskraft ruhenden organischen Bewusstsein auf der unteren Ebene, dem individuellen Bewusstsein im Herzen Hati, dem Zentrum des Ich und der geistigen Aktivität auf einer mittleren Ebene und dem überindividuellen oder spirituellen Bewusstsein im Herzen, dem Zentrum des intuitiven Lebens auf der höchsten Ebene. Diese verschiedenen Bewusstseinsebenen waren in jedem Menschen mehr oder weniger gut entwickelt, was dem Schatten (Khaibit) eine mehr oder weniger große Dichte verlieh. Sinn der Opfergaben war es daher, im Schicksal nach dem Tod die Funktion des höheren Bewusstseins anzuregen und zu kräftigen und dadurch die Forderungen des Schattens zu dämpfen, der die Antriebe des individuellen und organischen Bewusstseins aufgezeichnet hatte.

Auch wenn die Opfergaben im Totenbuch eine recht unterschiedliche Bestimmung haben, ist der Zweck doch immer die Stärkung des Bewusstseins (Ka), damit sich dieses mit der spirituellen Seele (Ba) vereinigen und deren Überleben ermöglichen kann (1). Die Opfergaben stärken das Herz (69, 72) und wirken aktiv an der Reinigung des Verstorbenen mit (105, 106). Sie befreien das Bewusstsein (Ka) von der Tyrannei des Schattens (Khaibit), der ihm nur »Unrat« zu essen gibt (52, 53, 102, 124). Letzterer Hinweis ist besonders wichtig und macht den grundsätzlichen Sinn der Totenopfer deutlich: Weil der Verstorbene im Jenseits ohne jede Nahrung ist, die ihm sonst die Existenz sicherte (sei es körperliche, seelische oder geistige Nahrung), ist er gewissermaßen auf seine eigenen Energievorräte angewiesen und ist meist gezwungen, die Schatten seines noch verbliebenen Seelenlebens zu verzehren. Die Opfergaben ersetzen also den psychischen »Unrat« durch neue psychische Energien, die durch das Ritual, das

Opfer und die Gaben der Angehörigen des Verstorbenen vergeistigt wurden.

Die Reise nach dem Tod

Die Reise nach dem Tod vollzieht sich symbolisch in der Barke des Re, der über den Tiefen des Wassers fährt (101). Dies sind die Urwasser (Nun), die nicht manifestierten Möglichkeiten, die Re, das Sonnenwort und der Schöpfer, mit seiner Gegenwart beleuchtet. In ihrem negativen Aspekt sind die Wasser dem Drachen des Abgrunds zugeordnet, dem Dämonen Apophis, der auch der erbittertste Feind des Re ist, er ist also die Unbewusstheit, die das Prinzip des Bewusstseins verschlingen möchte. Dies erklärt, warum die in der Barke anwesenden Götter, die Prinzipien des Bewusstseins, unaufhörlich wachsam sein und den Drachen Apophis, auf dessen Rücken die Barke fährt, im Zaum halten und an die Kette legen müssen (99). Sie steuern die Barke des Verstorbenen (102), auch wenn sie »vom Alter gebeugt« sind (63).

Die Barke ist das Symbol der Seele, das Behältnis des Bewusstseins des Verstorbenen. Ihr Name ist »Die Seele, die sich konzentriert«, das Steuerruder heißt »Steuere geradeaus«, der Kiel heißt »Der Anregende«, die Ruder heißen »Das Entsetzen« (58) oder »Schrecken, der die Pferde sich aufbäumen lässt«, der Bug heißt »Der Wachende«, das Heck »Steuere immer geradeaus« (122). Alle diese Namen können sich je nach Anrufung ändern und jedes Bauteil eines Schiffs hat einen solchen Namen (99).

Die Sonnenbarke legt eine kreisförmige Bahn zurück, auf der der Tag dem Leben, die Nacht dem Tod entspricht. Wie der Tageslauf hat auch die Nacht zwölf Stunden, die zugleich zwölf Pforten und zwölf Geheimnisse sind, die der Verstorbene durchschreiten muss. Wenn die Barke in die Nacht eintaucht, heißt sie Sektet, bei ihrem Wiederauftauchen Mandjit (77), wie auch Re, das Sonnenwort, am Abend zu Atum (der Ursprung) und am Morgen zu Chepri (die Zukunft) wird, eine Ambivalenz, wie sie sich auch in den Löwen Aker, dem Gestern und dem Morgen ausdrückt.

Die Reise der Barke verläuft in den einzelnen Stunden sehr unterschiedlich und bis Mitternacht nehmen die Gefahren zu. So ist die dritte Stunde, das »Tor der schneidenden Messer«, die Stunde, die »die Feinde desjenigen, dessen Herz müde ist (Osiris), züchtigt« und die »das Böse beseitigt«. Zu diesem Zeitpunkt, der »Nacht der Zerstörung«, müssen die Vergehen des Verstorbenen, die als die Feinde des Osiris bezeichnet werden, gesühnt werden (17). Um die vierte Stunde langt die Barke im Lande Sokari an, dem am schwierigsten zu durchquerenden Gebiet, in dem sie auf einem Schlitten gezogen werden muss (1, 100). Diese Austrocknung des Wassers bedeutet vermutlich, dass sich ab dieser Stunde die Möglichkeiten des Verstorbenen erschöpfen. Um die fünfte Stunde überquert die Barke, immer noch mithilfe von Schlitten, den gefährlichsten Abschnitt, das Gebiet Rasetjau, das der Überlieferung zufolge zwei Zugangswege für die Seligen besitzt, und zwar einen trockenen, der zum Lande Rasetjau führt, und einen nassen, der zum See Rasetjau führt. Diese beiden Wege sind durch ein Feuermeer voneinander getrennt (98).

Ab der sechsten Stunde fließt das Wasser wieder in gewohnter Weise. Bis zur zwölften Stunde, also bis zum Tagesanbruch, muss der Verstorbene gegen Seth, gegen die Macht kämpfen, die die gereinigte Seele wieder im Stoff gefangen setzen will. Die siebte Stunde ist diejenige, »die die Komplizen des Seth schlägt«, die elfte diejenige, »die die Verbündeten des Seth zurückwirft«, und die zwölfte Stunde diejenige, »zu der aus der Finsternis die Erscheinung der Geburten wird«. Die Mühsale setzen sich also in dieser zweiten Phase fort, in der die Sonnenbarke wieder aufsteigt; in der zehnten Stunde überquert sie den Abgrund der Wasser, in der elften eine Feuerhölle (siehe auch Das

Pfortenbuch, Das Amduat, Das Buch vom Tage und Das Buch von der Nacht).

Im Totenbuch gibt es nur wenige Hinweise auf eine solche Chronologie der Reise nach dem Tod und man kann allgemein sagen, dass es in diesem Buch überhaupt keine zeitliche Reihenfolge gibt. Die Ereignisse sind nicht gleichzeitig, sondern folgen gewissermaßen überlagernd aufeinander, was die Lektüre sehr erschwert. Das über die Chronologie Gesagte gilt weitgehend auch für die Geographie des Jenseits. Oft ist von zwei Reichen die Rede, die manchmal unterschieden und manchmal miteinander vermischt werden, nämlich Amenti (Westen) und Duat (Osten). Diese beiden Bereiche entsprechen grob der ersten und der zweiten Phase der Reise nach dem Tod, wobei Rasetjau gewissermaßen den Angelpunkt bildet. Vermutlich an diesem Ort und zu diesem Zeitpunkt der Reise (Mitternacht) findet auch das Gericht oder die Psychostase statt (20). Man muss sich jedoch hüten, diese Angaben zu schematisieren. Auch wenn es heißt, dass Amenti schön und Duat düster ist, bestimmen doch vor allen Dingen die Verfassung und die Wahrnehmung des Verstorbenen die Eigenschaften des jenseitigen Raumes sowie dessen Grenzen. Deshalb können Duat wie Amenti und Rasetjau abwechselnd Orte der Qual und des Friedens sein. Ebenso vermischen sich für den erlösten Geist alle Orte (181, 182), wenn der gesamte geistige Raum wiedervereint ist.

Die Gefahren der Unterwelt

Die Bestattungsriten und die Anrufungen des Totenbuches dienen vor allen Dingen dem Zweck, den Verstorbenen vor jeglichem verhängnisvollen Ausgang seiner Reise durch das Jenseits zu bewahren. Bei seiner »Erweckung« nach dem Tod öffnet ihm der Gott Geb die Augen und streckt seine Beine. Seine Seele (Ba) wird zum Himmel erhoben; sein Körper wird beerdigt und ist regungslos. Es werden ihm Opfergaben dargeboten, um seinen Eingeweiden (dem organischen Bewusstsein) Linderung zu verschaffen, um ihn zu erquicken und um ihm den Atem zurückzugeben. Sein Körper wurde gewaschen und gereinigt, um das Übel zu beseitigen, das sich ihm angeheftet hatte (169). Die Mehrzahl der Anrufungen wirkt auf dem Weg der Autosuggestion: Dem Geist des Verstorbenen sollen die idealen Bilder einer ungehinderten Reise eingeprägt werden, damit er mit ihrer Hilfe die schrecklichen Bilder bekämpfen kann, die jetzt vor ihm auftauchen werden und die von seinem Schatten (Khaibit) erzeugt werden.

Bald nach seinem Erwachen im Jenseits hat der Verstorbene das Gefühl, er müsse ersticken; es mangelt ihm an Wasser und überall nimmt er nur Abgründe wahr und begegnet ihm undurchdringliche Finsternis. Seine Schritte zögern. Er sieht verzweifelte Seelen wandeln; keine Liebe umgibt ihn (175). Dann folgt der Angriff der Dämonen, die mit langen Messern bewaffnet sind und deren Finger schreckliche Schmerzen zufügen (17). Sie quälen unaufhörlich die Verstorbenen, schneiden Hälse ab, rauben Erinnerungen und Zauberworte (90), sperren die Glieder des Osiris (des Verstorbenen) ein und versuchen den Schatten (Khaibit) zu fangen, um sich von ihm zu nähren (92). Sie leben nur von Gewalttaten, von Unrat und Exkrementen (32), also den Produkten des Schattens, der Erinnerung an Verbrechen, an Ungerechtigkeiten, an Schandtaten, die vor dem Bewusstsein des Verstorbenen auftauchen (163).

Es scheint jedenfalls so zu sein, dass die Dämonen – zumindest zu diesem Zeitpunkt – nur die Unreinheiten des Verstorbenen angreifen und nicht diesen selbst, solange dieser noch nicht abgeurteilt ist (40). Ihre Rolle ist es, seine geheimen Aufenthaltsorte bekannt zu machen und seine »Verstecke« zu offenbaren (44), damit der Verstorbene schließlich am Ende der Reise von dem Bösen gereinigt ist, das sein Herz beschmutzt, von den Lastern und Sünden, die er während seines Daseins begangen hat. Dann kann er sich Osiris vorstellen und das Urteil wird gesprochen (86).

Der Verstorbene ist aber keineswegs gegen alle Gefahren gefeit, und dies wirft wiederum die Frage nach seiner wirklichen Identität auf. Da die Dämonen nur den Schatten (Khaibit) anzugreifen scheinen, der sie durch seine Exkremente erzeugt, bleibt der Verstorbene ganz bei Bewusstsein, solange sein Ka kräftig ist. Wenn sich dagegen der Ka während des Daseins nicht genügend stabilisiert hat, läuft der Verstorbene Gefahr, sich in den Schrecken seines Schattens aufzulösen und seine gesamte Identität zu verlieren. Dies ist im Totenbuch mit dem Verlust des Namens (25) und der Zauberworte gemeint (31) und dies erklärt die erbitterte Wut, mit der die Dämonen diese zu verschlingen versuchen.

Umgekehrt ermöglicht es die Kenntnis und das Aussprechen des Namens der Dämonen dem Verstorbenen, sich von ihnen zu befreien, weil er dadurch zeigt, dass er ihren Ursprung, ihre Identität und ihre Natur kennt (32). Ebenso erlaubt es ihm die Kenntnis der Namen der Gottheiten (seiner eigenen Fähigkeiten), sich diesen zu nähern und als ihr Meister zu erkennen zu geben (72). Der Verstorbene hat also vor dem Gericht die zweifache Aufgabe, um jeden Preis die Erinnerung an die Namen und die Zauberworte zu wahren, um seine Identität zu erhalten (90, 91) und gleichzeitig »jeglichen Ärger (zu vertreiben), der in deinem Herzen gegen mich ist«, indem alle Verunreinigungen, Bösartigkeiten und Verbrechen beseitigt werden (14).

Die erste Aufgabe, die Wahrung der Identität und der Kontrolle über das Bewusstsein, taucht häufig in dem Thema der »Gliedermächtigkeit« und des »Zusammenhalts der vielen Seelen« auf, was wiederum den Sinn der Mumifizierung deutlich werden lässt. Der Körper, der symbolische Träger des Ka, darf auf keinen Fall zerfallen, verstümmelt werden, verwesen oder sich auflösen (154). Der Verstorbene muss vielmehr die Kontrolle über seine Glieder und damit über seine bewussten Fähigkeiten, die Göttern zugeordnet werden (42), behalten; er muss Herr über sie sein (68) und sie nach seinem Gutdünken bewegen können (26). Die Gliedmaßen sind auch die Seelen der Götter, weshalb auch der »Zusammenhalt der vielfachen Seelen« (64) gewahrt werden soll, ein Ausdruck, der übrigens einen der Namen der Barke des Verstorbenen bildet (122). Die Gliedermächtigkeit und der »Zusammenhalt der Seelen« verleihen dem Bewusstsein des Verstorbenen eine relative Bewegungsfreiheit, die im

Zustand nach dem Tod anscheinend sehr schwierig zu wahren ist. Sie ermöglichen ihm die freie Bewegung im Jenseits (168), doch ist dieses Vorrecht denjenigen vorbehalten, die den Namen der Götter oder, wenn man so will, der Mächte kennen, die das Feld des individuellen Bewusstseins bestellt haben.

Das Totengericht – die Psychostase

Wenn der Verstorbene den Amenti durchschritten und sich von seinen oberflächlichen Unreinheiten befreit hat, muss er vor dem Tribunal des Osiris erscheinen, das natürlich in der Mitte der Nacht stattfindet, zwischen Amenti und Duat, wahrscheinlich im Gebiet Rasetjau (20). In diesem Tribunal – der Psychostase – kulminiert die »Nacht des gewogenen Wortes«, die »Nacht, in der Horus den Ort der Geburt der Götter in seinen Besitz nimmt«, die »Nacht, in der Osiris über seine Feinde triumphiert« (18), die Nacht, in der die Verdammten ausgesondert und die Seligen abgezählt werden. Wenn der Verstorbene vom Gericht freigesprochen wird, dann ist dies für ihn die »Nacht, in der die beiden Djed-Pfeiler aufgerichtet werden« (19), also erfolgt die Auferstehung des Osiris.

Die Szene der Psychostase ist in den bekannten Darstellungen festgehalten, die oft sehr unterschiedlich sind, aber doch immer gemeinsame Elemente aufweisen. Der Verstorbene wird in das Heiligtum der Maat eingeführt, in die Halle der Wahrheit und Gerechtigkeit, und zwar entweder von der Maat selbst oder von Anubis, »der die Wege öffnet« (125). Dort legt er seine negative Beichte vor sieben, vierzehn oder zweiundvierzig Richtern ab und sein Herz wird von Anubis gewogen. Thot, der Gerichtsschreiber, zeichnet die Taten des vergangenen Lebens auf, während ein Ungeheuer mit dem Kopf eines Krokodils, der Brust eines Löwen und dem Hinterleib eines Flusspferds (manchmal auch einfach als Hund dargestellt) auf der Lauer liegt. Horus führt den Verstorbenen vor den Thron des Osiris, sofern er nicht selbst am Wägen des Herzens beteiligt ist. Vor Osiris stehen auf einem aufgeblühten Lotos die vier Horussöhne.

Um den Sinn dieser grundlegenden Darstellung ganz erfassen zu können, muss man versuchen, Klarheit über die in den Akteuren der Psychostase versinnbildlichten Funktionen zu gewinnen. Anubis, der den Verstorbenen in den Gerichtssaal führt, nachdem er ihn nach den vorgeschriebenen Losungsworten gefragt hat (125), leitet die Einbalsamierungszeremonien. Er ist eine Seelenführer-Gottheit (Psychopomp), dessen Rolle es ist, das Böse zu beseitigen, das sich der Seele anheftet (17), nachdem er diese konserviert hat, damit sie nicht der Fäulnis und Verstümmelung anheimfällt. Die Aufgabe des Anubis, der die innere Funktion des Gewissens repräsentiert, besteht also darin, die Seele vor ihrem Gang in den Gerichtssaal zu reinigen, ein Prozess, der sich vom Tod des Verstorbenen bis zum eigentlichen Gerichtsurteil hinzieht. Dies erklärt, warum Anubis als Schakal dargestellt wird: Wie der Schakal verschlingt und verdaut er die Zerfallsstoffe des Schattens. Wenn diese Stoffe nicht durch die innere Funktion des reinigenden Gewissens umgewandelt werden, kann der Verstorbene nicht zum Gerichtssaal vordringen; daher die Rolle des Anubis als Fährmann und Hüter.

Sobald der Verstorbene in den Gerichtssaal geleitet wurde, muss er die negative Beichte ablegen, um sich endgültig von seinen Sünden zu befreien und um die Götter anschauen zu können (125). Die zweiundvierzig Totenrichter, die die Beichte abnehmen, haben alle einen Namen, den der Verstorbene kennen muss, und von ihnen werden die verschiedenen Aspekte seines Bewusstseins beurteilt. Jedem von ihnen entspricht ein Aktivitätsbereich des Bewusstseins und ein möglicher Verstoß gegen das Gewissen. Ihre Zahl ist ein Vielfaches von sieben und bekanntlich wurde

Osiris in vierzehn Teile zerstückelt. Wenn Osiris in Spruch 42 die bösen Taten an den Pranger stellt, beruft sich der Verstorbene auf die Göttlichkeit aller seiner Körperteile, was nur so zu verstehen ist, dass die Erkenntnis der eigenen Göttlichkeit genügt, die Macht und die unheilvollen Wirkungen der Taten zunichtezumachen. Man kann daher wohl die Richter mit den Taten des Verstorbenen selbst gleichsetzen, vor denen er sich zu rechtfertigen versucht, es sei denn, er kennt ihren Namen nicht und damit das Geheimnis ihrer Macht.

Während sich der Verstorbene vor den Totenrichtern rechtfertigt, nehmen Anubis oder Horus (gelegentlich auch beide) die Wägung vor. Auf der einen Waagschale befindet sich das Herz des Verstorbenen, auf der anderen die Feder der Maat. Von dieser Waage heißt es, dass die Richter sie auf ihren Schultern tragen (71) und dass »man sie in seinem eigenen Herzen suchen muss« (125). Wir haben oben gesehen, dass das Herz der Sitz des Bewusstseins ist und dass zwischen dem Herzen Ib, dem Zentrum des intuitiven Lebens, und dem Herzen Hati, dem Zentrum des geistigen Lebens, unterschieden wird. Bis zum Zeitpunkt des Gerichts hat der Verstorbene vor allen Dingen zu fürchten, dass ihm das Herz Ib, das er von Nut, seiner himmlischen Mutter, erhalten hat, geraubt und durch das Herz Hati ersetzt wird, das er nur von seinem Leben auf der Erde hat (26–30). Weil das Herz der Ort ist, in den die Erfahrungen des Bewusstseins eingeschrieben werden, ist es für den Verstorbenen vor allen Dingen wichtig, die Früchte seiner spirituellen Intuitionen (Herz Ib) zu bewahren, während ihm die Erfahrungen seiner seelischen Leidenschaften (Herz Hati) schaden und seine Entwicklung nach dem Tod verzögern können. Dies erklärt auch, warum das Herz gegen die Feder der Maat aufgewogen wird: Die Maat verkörpert wie Nut das spirituelle Bewusstsein des Verstorbenen. Sie wird in dem auf dem Wege der Verwirklichung befindlichen Menschen zum höheren Ka und sie ersetzt nach und nach das Herz Hati durch das Herz Ib. Die Feder, die in die Waagschale gelegt wird, symbolisiert also die Weisheit der Maat, an der das Herz Ib-Hati des Verstorbenen gemessen wird, also die individuellen und überindividuellen Leistungen seines Bewusstseins.

Wenn Horus beim Wägevorgang zugegen ist, greift er aktiv zugunsten des Herzens des Verstorbenen ein und dies ist zweifellos so zu verstehen, dass Horus die Erlöserfunktion des Menschen verkörpert. Erinnern wir uns, dass Horus, der Sohn von Isis und Osiris, die zerstreuten Glieder seines Vaters wieder zusammenführt; er wird damit zum Erlöser des Osiris, zum neuen Herrn der Welt und zum erbittertsten Feind Seths (78). Er stellt manchmal den Verstorbenen dem Osiris vor, sofern er nicht in der Gestalt des Harpokrates (Horus als Kind mit dem Attribut des Thronfolgers) vor dem Thron des Osiris erscheint.

Das Ergebnis der Wägung zeichnet Thot auf, die ibisköpfige Gottheit, der Herr des geschriebenen Gesetzes, Herr der Rechtschaffenheit und der Gesetzestreue (182). Thot scheint hier das Prinzip zu verkörpern, das das erworbene Wissen und die erworbene Weisheit im Herzen des Verstorbenen fixiert und mit einem unauslöschlichen Siegel verschließt. Er bewertet endgültig die spirituelle Verfassung des Verstorbenen, denn er wahrt das Wissen der Geheimnisse und kann daher messen, was der Verstorbene erreicht hat. Dem Mythos zufolge stellt Thot das Auge des Horus wieder her, das Seth ausgerissen und in kleine Stücke zerschnitten hatte. Dieses Horus-Auge ist jedoch das Auge der Erkenntnis (Udjat) und somit besitzt Thot neben der befestigenden auch eine vereinigende und heilende Funktion.

Das Ungeheuer mit dem Namen Baba (»der von den Eingeweiden der Großen lebt«, 125) oder Ammit (»der Verschlingende«), das die vier Horussöhne, die Hüter der Kanopen oder das Herz des Verstorbenen verschlingen möchte, scheint hier die Mächte des Unbewussten und des Chaos zu vertreten, die jede Form unvollständig entwickelten Wissens und vor allem das organische Bewusstsein verschlingen wollen, das die vier Horussöhne repräsentieren.

Gegenstand des Gerichtsverfahrens scheint vor allen Dingen die Fähigkeit des Verstorbenen zu sein, die zerstreuten Glieder des Osiris (76, 133) zu sammeln und sie den Dämonen zu entreißen, die sie einsperren wollen (92). Diese zerstreuten Glieder sind, wie wir gesehen haben, Tätigkeitsfelder des Bewusstseins, die auseinandergefallen sind und durch diese Zersplitterung unter die Macht trügerischer Phänomene des Daseins geraten sind. Der Mensch, der während seiner Existenz alle Bereiche des Göttlichen in sich vereint hat, kann hoffen, Osiris gleich zu werden und sich in ihm wiederherzustellen. Mit dem Ausfluss des Körpers des Osiris zeichnet er die heiligen Zeichen und wird zum Schreiber Thots (94), womit gezeigt wird, dass die Erkenntnis der Mysterien von der Wiedervereinigung des Bewusstseins abhängt.

Nun besteht aber ein direkter Zusammenhang zwischen der Kenntnis der Schrift und der Kenntnis der Zauberworte – und so gibt es einen weiteren Aspekt des Gerichts, den wir bisher übergangen haben: denjenigen der »Wägung der Worte«. Es ist sehr wichtig, dass der Verstorbene, wenn er vor Osiris tritt, mit

Zauberworten »gepanzert« ist (9), die er aus allen Orten, an denen es sie gibt (24), zusammengesucht hat und die er vor den Dämonen bewahrt hat, die sie ihm entreißen wollten (31). Diese Zauberworte werden es ihm erlauben, sich frei im Jenseits zu bewegen (110), ganz Herr aller Bewusstseinsbereiche zu sein. Wie man sieht, wird immer dieselbe Symbolik benutzt, ob es sich um die Wiederherstellung der Unversehrtheit des Osiris, um den Zusammenhalt der Seelen, um die Wiederzusammensetzung des Auges des Horus, um die Erkenntnis der heiligen Zeichen oder die Vereinigung mit Zauberworten handelt.

Der Horus-Weg und die glorreiche Wiederherstellung

Über die Seinszustände nach dem Totengericht sind kaum sichere Aussagen möglich, denn das Totenbuch macht hierzu keine genauen Angaben. Trotzdem kann man sagen, dass es zumindest zwei Hauptwege gibt, die jeweils bestimmte Abstufungen und Grade umfassen. Der erste, unmittelbare Weg ist der Horus-Weg, der zweite, mittelbare der Osiris-Weg.

Der Horus-Weg ist der Weg der Wiederauferstehung und der glorreichen Wiederherstellung und dieser Weg wird im Totenbuch am häufigsten angedeutet. Weiter oben war im Zusammenhang mit der Gegend Rasetjau und dem Land der Seligen von zwei Zugangswegen die Rede, einem trockenen (über festes Land führenden) und einem nassen (über das Wasser führenden). Diese Symbolik verweist möglicherweise auf zwei Arten der Wiedereinsetzung in die ursprüngliche Einheit: Die erste, aktive Möglichkeit (Erde) entspräche dabei der Erlangung des verklärten Körpers (Sahu) und der Horus-Identität; die zweite, passive Möglichkeit (Wasser) bestünde darin, in die Schar der heiligen Geister (Khu) aufgenommen zu werden.

Wenn das Urteil zugunsten des Verstorbenen ausfällt, dringt Osiris in den Djedu ein, den Ort, an dem der Djed-Pfeiler aufgerichtet wird, und prägt der Seele ein Siegel ein, das sie göttlich und unsterblich macht (78). Wahrscheinlich ist das Objekt der Heiligung das spirituelle Bewusstsein – das höhere Ka, das sich jetzt endgültig mit der göttlichen Seele (Ba) vereinigen kann (89). Der Verstorbene erhält den Status eines »geheiligten Geistes«, der ihn fortan vor allen Angriffen der Dämonen schützt und ihn aus der Unterwelt erlöst (91). Darüber hinaus erlangt er das Recht, sich frei in allen Regionen des Amenti und des gesamten Jenseits zu bewegen, und er kann nach Belieben alle möglichen Metamorphosen durchlaufen

(1). Er ist nicht mehr vom Schicksal abhängig, denn er ist mit dem Gott Aker (mit dem doppelten Löwenkopf) eins geworden (72); dadurch wird er Herr über Raum und Zeit: »Wenn das Gestern ihn geboren hat, schafft er heute das Morgen« (179). Als Herr der Metamorphosen hat er die Erscheinungsformen der Götter in sich (179). Durch sein magisches Wort und die Kenntnis der Zauberworte geht er, wohin er will, dem Gott Chepri (Skarabäus) gleich, dem Herrn der Zukunft (130).

Die Möglichkeit, sämtliche Metamorphosen vollziehen zu können, ist eines der häufigsten Themen des Buches; sie ist sogar die Voraussetzung dafür, sich im Jenseits frei bewegen zu können (122). Durch diese Metamorphosen gelangt die Seele unter die Einwirkung des Lichts (190), was bedeutet, dass die Seele die Möglichkeit hat, wieder zu einem beliebigen Teil der Einheit zu werden, die sie in sich selbst hergestellt hat, und dabei diese Einheit stets zu wahren – wie auch das Licht Formen schafft, indem es sich auf sie legt, ohne dadurch seine Natur zu verlieren, seine Einheit und seine unendlichen Möglichkeiten der Metamorphose.

Aber erst dann, wenn der geheiligte Geist des Verstorbenen alles Verlangen nach einer Metamorphose überwunden hat, das sich noch an die Welt der Formen anheftet, kann er die Äcker des Friedens erreichen, die das Bild für das ägyptische Paradies sind (99). Diese Äcker der Seligen, die auch »Äcker des himmlischen Hermopolis« (98), »Felder von Sekht-Ianru« oder »Binsengefilde« genannt und die von einundzwanzig Toren (Pfeilern) bewacht werden (145), können auch das Aussehen eines Sees haben, möglicherweise des Sees von Rasetjau, in den der nasse Weg mündet. Dieser See hat außerdem den Namen »See des doppelten Feuers« (der See des Feuers, aus dem der Thron des Horus hervorgeht, 175), zweifellos deshalb, weil er ein Ort des Friedens für die Seligen und ein Ort der Qualen für die Verdammten ist (110).

Das ägyptische Paradies ist ein Ort, an dem es Wasser im Überfluss gibt, und man bewegt sich dort auf Booten. Die Symbolik des Wassers, das für die Wüstenvölker so überaus wichtig war, erinnert wiederum an den »nassen Weg«, gleichsam an die passive Form des Wiedereingehens in die paradiesische Einheit. Der geheiligte Geist empfängt Nahrung und Opfergaben im Überfluss, bewegt sich frei, tut, was er will, doch bleibt er immer passiver Nutznießer dieser paradiesischen Seligkeit, wird also niemals Urheber dieser Seligkeit.

Ganz anders ist der Zustand desjenigen, der den verklärten Körper (Sahn) empfangen hat und so

Horus gleich wird, dem Erlöser des Osiris. Er empfängt die Krone und wird zum Herrn des Osiris-Reiches. Sein Zauberwort erreicht die äußersten Grenzen des Himmels und wie der goldene Falke (Horus) durcheilt er die ewigen Räume. Die Götter fürchten ihn und kämpfen für seine Sache. Er ist Herr seines Diadems, seines Lichts, und er fixiert alles mit seinem unbeweglichen dritten Auge in der Mitte seiner Stirn (78, 183).

Jenseits des Königtums, für das eine weitaus aktivere Form der Reintegration notwendig ist, und dessen Grades, der die Identität mit Horus verleiht, scheint es dem Buch zufolge eine letzte Möglichkeit der Einswerdung mit Ra zu geben, dem schöpferischen Wort, dem Ursprung aller Manifestationen. Der bereits geheiligte und verklärte Geist wird in diesem Fall zu demjenigen, der »inmitten seines (Horus-) Auges ist« und der seine eigene Maat (Weisheit) in die Hände Ras (des Wortes) legt. Er badet in den Strahlen des göttlichen Auges, ist vom Licht des ewigen Tages eingehüllt und ruht im Schoße der Weisheit (Maat) (96). Von ihm hängt die Ordnung der Welt ab und er rettet Ra (das Prinzip der Manifestation) vor dem Drachen Apophis (dem Nichtmanifestierten), indem er sich der magischen Zeichen bemächtigt, die dem Drachen seine Macht geben (130).

Dies besagt letztlich, dass der Mensch in diesem Stadium der Erlösung in jedem Sinne den Übergang vom Manifesten zum Nichtmanifesten vollzieht und so zum Ursprung der Manifestation wird.

Der Osiris-Weg der Wiedergeburten

Wenn das Urteil nicht zugunsten des Verstorbenen ausfällt, muss er den Osiris-Weg der Wiedergeburten beschreiten. Von dieser Möglichkeit ist im Totenbuch kaum die Rede; diese soll durch die Einprägung von Bildern einer verklärten Wiederherstellung möglichst vermieden werden. Dennoch erlauben uns bestimmte Andeutungen die Annahme, dass die Seelenwanderung das unvermeidliche Schicksal eines Bewusstseins ist, das nicht in die Einheit integriert wird, denn der Verstorbene wird aus dem Tod wiedergeboren, wie auch Re (die Sonne) am Morgen wiedergeboren wird (3). Wenn es der Seele im entscheidenden Augenblick nicht gelingt, ihre eigene Göttlichkeit wiederzuerkennen, muss sie in die Welt der Formen zurückkehren, die sie selbst geschaffen hat und die von den aus ihr selbst hervorgegangenen Göttern regiert wird, bis sich schließlich die Illusion der Vielfalt auflöst und sie ihre Einheit wiedererlangt:

»Ich bin das Gestern, das Heute und das Morgen. In allen meinen zahlreichen Geburten bin ich die göttliche und geheimnisvolle Seele, die einst die Götter schuf und deren verborgene Essenz die Gottheiten der Duat, des Amenti und des Himmels nährte.«

Im Laufe ihrer aufeinanderfolgenden Existenzen durchläuft die Seele den Zyklus ihrer Metamorphosen, jedoch diesmal unfreiwillig, weil sie unter der Macht der Götter Chepri (Zukunft) und Aker (Schicksal) steht (115). So ist sie ebenso alt wie Osiris und durchläuft das ganze Spektrum der verschiedenen Wesen, bis sie die Schönheit des Osiris als die ihrige erkennt. Dieser Zustand der Seele, in der sie sich ihrer Göttlichkeit nicht bewusst ist, wird mit der Trägheit der Welt verglichen, die Millionen Jahre dauert und während der die Macht des Re durch kosmische Stürme geschwächt ist (93). Die Seele, die sich nicht selbst erkannt hat und nicht durch das Urteil des Osiris geheiligt ist, kehrt um (130, 1), muss sich wieder nach Osten einschiffen (zur Duat) und setzt ihre Reise nach dem Tode mit der schrecklichen Durchfahrt durch die beiden Hörner Chepris (der Zukunft) fort. Wiederum wird sie von Dämonen gequält, die sich an ihr gütlich tun, in ihr den Phallus des Re und den Kopf des Osiris verschlingen, bis sie dem Eiter im Auge des Atum gleich wird (93). So erleidet die Seele den zweiten Tod, den schrecklicheren, der sie im Feuersee von Rasetjau ereilt, wo ein hundeköpfiger Dämon die Leichen frisst, vor allem ihre Eingeweide (17).

Wie man sich erinnern wird, steht im Lauf der Psychostase ein oft als Hund dargestelltes Ungeheuer bereit, das Herz des Verstorbenen (individuelles Bewusstsein) und häufiger noch seine Eingeweide zu verschlingen, die durch die vier Horussöhne (animalisches und organisches Bewusstsein) repräsentiert werden. In dieser Darstellung zeigen die vier stehenden Horussöhne auf dem aufgeblühten Lotos, dass die Horus-Identität bis hinab zu den Lebenswurzeln erlangt wird und dass der Verstorbene eben dadurch notwendigerweise den Gesetzen der organischen und animalischen Natur, die er in sich reintegriert hat, entgeht und damit auch dem Kreislauf der Wiedergeburten. Anderenfalls aber werden diese organischen Bewusstseinsebenen vom Ungeheuer verschlungen (das heißt von der Natur selbst wieder aufgenommen) und mit ihnen das individuelle Bewusstsein (Herz Hati), das sie nach und nach an sich gezogen haben.

Dies erklärt, warum sich der Ägypter so sehr davor ängstigt, dass sein Herz und seine Eingeweide von den Dämonen des Feuersees verschlungen werden, denn dies bedeutet den zweiten Tod, den Tod des Bewusstseins. Hier wird zudem die Doppelnatur des Feuersees ersichtlich, der zugleich ein Ort der Seligkeit wie der Qual ist, denn hier werden alle Folgen früherer Taten verbrannt. Wenn es dem Bewusstsein nicht gelungen ist, sich von diesen zu lösen, wird es mit ihnen vom Feuer verzehrt. Anderenfalls wird es von ihnen gereinigt (20).

Letztlich wird der Verstorbene durch seine bösen Taten im Feuersee eingeschlossen (18), und wenn er die Flammen nicht löschen kann (22), muss er die Folgen seiner Taten erdulden, bis diese aufgezehrt sind, was manchmal die Ewigkeit dauern kann. Diese neue Möglichkeit ist noch schrecklicher und man versucht, sie mit Zauberfigürchen abzuwenden, die die höllischen Strafen auf sich ziehen (93). Der Verstorbene, der nicht geheiligt wurde, muss in diesem Fall unbedingt eine neue Form in einem neuen Dasein annehmen, um der ewigen Pein zu entgehen. Er folgt also wiederum der Spur seiner früheren Taten, denn er bleibt ein »Kind des Gestern«, dem Gott Aker unterworfen, dem Herrn des Schicksals (64).

Hier wird deutlich, dass das Schicksal durch die früheren Taten schon festgelegt ist; auch wenn deren böse Folgen gesühnt wurden, bleibt doch in der Seele die Spur ihrer Mängel zurück, die Spur dessen, was sie daran hinderte, die Einheit erlangt zu haben, die sie doch erlangen muss. Wenn die Seele ihre individuelle Identität verloren hat (Ka), wird sie als neue Substanz wiedergeboren. Deshalb heißt es, dass nach den »Massakern« dem Verstorbenen der abgeschlagene Kopf wiedergegeben wird, dass er erneuert und verjüngt und Osiris gleich wird (43).

Hier ist das Ende der Reise nach dem Tod und der Nachtstunden erreicht. Atum schafft den neuen Aufenthaltsort des Verstorbenen. Aker hat die Pläne hierzu entworfen. Horus und Seth sind gereinigt und zu neuen Kämpfen geweiht und der Mensch ergreift Besitz von seinem neuen Land (17).

Die Einheit des Menschen

Wer in den tieferen Sinn der heiligen Texte eindringen will, darf sich nicht vom scheinbaren Polytheismus des Totenbuchs irreführen und täuschen lassen. Das Buch bekräftigt ja immer wieder, dass die Götter aus der Urseele (Nut) hervorgegangen sind, also der Gesamtheit der seelisch-geistigen Funktionen, die das Bewusstsein schaffen. Deshalb heißt es, dass die Götter den Kampf erzeugt haben, dass sie Katastrophen hervorgerufen, Ungerechtigkeiten begangen, Dämonen erzeugt, Verwüstungen und Zerstörungen angerichtet haben, dass sie aber neben diesen bösen Taten auch Großes geleistet haben (75). Jede Existenz ist für diese Götter eine neue Möglichkeit der Manifestation und der Mensch muss lernen, sie zu erkennen, um ihnen ihren wirklichen Platz zuzuweisen (180). Der Mensch selbst ist nur die Seele eines gewaltigen und leblosen Gottes, nämlich des Osiris (163). Er trägt in sich die Keime und Möglichkeiten aller Götter, wenn er in die Urmaterie eintaucht, und er wird Chepri gleich, dem Herrn der Metamorphosen (83). Am Ursprung aller Dinge wie an ihrem Ende aber bleibt er der Einzige:

Alleine bin ich! Alleine! Alleine!
Alleine durcheile ich die kosmischen Einsamkeiten ...
Siehe, ich öffne die Pforten des Himmels
und ich sende die Geburten zur Erde ...
Ich bin das Heute der unzähligen Generationen ...
Ich habe mich selbst gestaltet und geformt ...
Meine Formen hüte ich verborgen in mir,
Ich bin derjenige, den niemand kennt ...
Ich bin ein Einsamer inmitten der Einsamkeit,
ich bin der Unbewegliche ...
In meiner Hand ruht das Schicksal der Gegenwart ...
Ich bin derjenige, der die Millionen Jahre
betrachtet ... (42)

Pistis Sophia

Den Kern der gnostischen Lehren kennen wir, von der *Pistis Sophia* und einigen Fragmenten von geringerer Bedeutung abgesehen, nur aus indirekten Quellen, also aus Zitaten und gelehrten Schriften der Kirchenväter, die das Ketzertum der Gnostiker anprangern wollten. Die im Nahen Orient und in Ägypten zugleich mit dem Christentum entstandenen gnostischen Schulen bilden den idealen Schmelztiegel, in dem alle Kulturen des Mittelmeerraums miteinander verschmolzen sind. Man hat versucht, es auf diesen Umstand zurückzuführen, dass in diesen Lehren Elemente vorhanden sind, die dem Christentum angeblich fremd sind, hier beispielsweise die wesentliche Frage der Seelenwanderung, wie sie im Allgemeinen von den Gnostikern angenommen und gelehrt wird.

Für Basilides war der Einzug der Seele in immer neue Körper die Folge einer ihr innewohnenden Neigung, stets mehr zu wollen, als ihr von Natur aus gegeben ist. Die Seelenwanderung war die Konsequenz ihres unersättlichen Machthungers, ihres im unaufhörlichen Wechsel gestillten und wiederentzündeten Begehrens. Jede Begierde, einschließlich des Drangs nach höchster Erkenntnis, nach Gnosis, war eine Ursache des Leidens und erzeugte im Dasein nach dem Tod den Wunsch, sich wieder zu verkörpern. Die Begierde wurde in das Bild der Seele gekleidet: Sie ruht im Mutterleib der Unbewusstheit, wird geboren, entwickelt sich, verlangt Befriedigung und stirbt in dem Wunsch, später wiedergeboren zu werden. Die Seele selbst war nichts als eine gewaltige Begierde, die zu den immer gleichen Kreisläufen verdammt ist. Selbst ihr Wunsch nach Erkenntnis war verderbt und ebenso krankhaft wie die übrigen Begierden. Das größte Glück des Menschen lag daher im Nichtwissen (Agnosia) und der Abwehr jeglicher Form von Begierde. Wenn man dies erreicht hatte, war die Erlösung gewiss, denn die Kette der Begierden war ursächlich für diejenige der Wiedergeburten.

Anders als Basilides lehrten die Karpokratianer, dass die Seele durch aufeinanderfolgende Inkarnationen in verschiedenen Körpern alle Möglichkeiten ausschöpfen müsse, die in ihr veranlagt waren, und dass alles, was sie in ihrem derzeitigen Körper nicht verwirklichen konnte (der Körper war für die Seele das notwendige Mittel der Verwirklichung), notwendigerweise in künftigen Existenzen verwirklicht werden müsse. Aus dieser Lehre folgte, dass es für die Seele unbedingt wichtig war, alle nur möglichen Handlungen zu vollziehen, wobei alle moralischen Erwägungen unberücksichtigt blieben, und dass sich der Gnostiker (im Gegensatz zu den Auffassungen des Basilides) jeglichen Begierden, guten oder schlechten, hingeben müsse, um sich vor seinem Tod ihrer zu entledigen.

Das Durchbrechen der Kette von Begierde, Tod und Wiedergeburt war daher das Hauptziel der gnostischen Schulen. Valentinus zufolge musste man den Tod während des Lebens integrieren, aufzehren, ihn in sich zur Auflösung bringen, um den Tod sterben zu lassen und seine Verderbnis zu überwinden. Der Tod war der Herr des Kosmos, das Werk des Demiurgen, und die größte Tat des Lebens bestand darin, zu lernen ihn aufzuheben, um dem Strom der Formen zu entgehen.

Alle diese Gedanken waren nichts als die Fortsetzung der Lehren Christi in den Evangelien. Sie standen untereinander keineswegs im Widerspruch, auch wenn sie sich oft in entgegengesetzte Richtungen entwickelten. Ihr gemeinsamer Nenner war der unbedingte Wille, die Fesseln des Daseins zu sprengen.

Ursprung und Formung der Seele

Der *Pistis Sophia* wie zahlreichen anderen Schulen (unter anderem derjenigen des Valentinus) zufolge wurde die Weltseele aus einer Lichtsubstanz gebildet, die ursprünglich im Garten Eden beheimatet war. Von der Bewegung (Tridynamos) getäuscht fällt die Weltseele (Pistis Sophia) unglücklicherweise aus dem Lichtkreis heraus und sieht sich plötzlich mit dem Chaos der Finsternis konfrontiert. Sie gebiert den Demiurgen (Ialdabaoth) und fällt dann vier Leidenschaften zum Opfer, durch die ihr die Gefahr einer nicht rückgängig zu machenden Auflösung droht. Diese vier Leidenschaften sind: die Angst vor dem Nichtwissen, die Dämonen erzeugt; die Betrübnis darüber, nichts ergreifen zu können, die den Wunsch nach der Verkörperung erzeugt; die Angst vor dem Verlust des Lebens, die die demiurgischen Begierden hervorbringt, und schließlich die Hoffnung, die Quelle des Lichts wiederzufinden, die die Begierde nach Reue und Bekehrung erzeugt. Diese vier Leidenschaften erscheinen als Energien oder flüchtige Essenzen, die als Ängste, Schweiß, Tränen und Lachen aus der Sophia entweichen. Um ihre völlige Auflösung in der Finsternis zu verhindern, stabilisieren sie der Demiurg und die Archonten (die demiurgischen Begierden) und verwandeln sie in dauerhafte Essenzen. Durch die Verfestigung dieser Lichtessenzen möchte der Demiurg Seelen formen und mit ihrer Hilfe seinen Machttrieb befriedigen und das Chaos organisieren.

Die in dieser Weise von den Archonten geformte Seele hat eine dreifache Natur, das heißt, sie besteht aus drei unterschiedlich stark verdichteten Lichtsubstanzen, die aus dem Lachen (oder dem Atem), den Tränen und dem Schweiß der Sophia entstanden sind. Die von den Ängsten herrührende Substanz wurde beseitigt und kehrte vermutlich in das Chaos zurück. Innerhalb dieser Seelenzusammensetzung ist die erste Substanz – die lichtvollste – die Tugend, die in sich den Drang zum Licht trägt und den Kern der Seele bildet. Die zweite, die bereits mit Finsternis vermischt ist, ist die animale Seele, die in sich alle psychischen und demiurgischen Begierden, also den Eigenwillen, trägt und die die Tugend wie das Fleisch den inneren Kern umgibt. Die dritte Substanz, die am stärksten von der Finsternis korrumpiert ist, ist der Widersachergeist, der die groben Instinkte trägt, die Materialisierungs- und Besitzbestrebungen, die begierig sind, einen Körper anzunehmen und das Licht in der Finsternis zu halten. Der Widersachergeist ist die Schale der Seele und ihre äußere Umhüllung (146, 178).

Diese Dreiteilung der Seele trägt typisch semitische Züge. Sie erinnert im Hinblick auf Ägypten deutlich an die dreifache Impulsierung Horus (Tugend), Osiris (animale Seele) und Seth (Widersachergeist) und in Bezug auf das Judentum an die aus Eva hervorgegangene Triade Abel, Seth und Kain. Für die Gnostiker bezeichnet sie die drei Grundtendenzen der Seele, die pneumatische, die psychische und die hylische, denn diese Substanzen sind beseelter Natur und können nicht einfach mit Geist, Seele und Körper gleichgesetzt werden.

Eine der wichtigsten Phasen der Formung der Seelen ist die Anbringung der Siegel. Nachdem die Archonten der Seele in ihre Mitte die Tugend eingehaucht haben, um ihr das Leben zu geben, umgeben sie sie mit dem Widersachergeist, den sie mit Bändern und Siegeln fest an der animalen Seele befestigen, damit sie unaufhörlich zu niedriger Gesinnung, zu animalischen Leidenschaften, zu Ungerechtigkeit hingezogen wird und damit diesen Mächten nicht entgehen kann (176). Danach übergeben die Archonten die versiegelten Seelen ihren Liturgen, die wiederum die Bestimmung an ihnen befestigen; dann stoßen sie sie in die Welt (179).

Die unzähligen Siegel, die die Archonten an den Seelen befestigt haben, wirken wie magische Bänder, die den Zusammenhang der psychischen Elemente sichern, aber auch ihre Entfremdung und ihre Bindung an die zyklischen Gesetze des Schicksals. Die Seele kann sie nicht auflösen und sich nicht von ihnen befreien, solange sie nicht die heilbringenden Mysterien empfangen hat (136).

Tod, Fegefeuer und Gericht

Wenn die Bestimmung die Seele in den Tod führt, der ihr Los ist, ziehen seelenführende Wesen, die sogenannten friedfertigen Empfänger, die Seele aus dem Körper heraus und führen sie drei Tage lang durch alle Orte (Äonen) der manifesten Welt (Pleroma), vermutlich um ihr ihr ganzes bisheriges Dasein vor Augen zu führen. Der Widersachergeist und die Bestimmung begleiten die animale Seele auf dieser vorbereitenden Reise, während die Tugend zur Lichtjungfrau (ein anderes Bild für die Sophia) zurückkehrt. Am Ende der drei Tage schicken die friedfertigen Empfänger die animale Seele in die Chaoshölle, wo sie gepeinigt wird; zu diesem Zeitpunkt wird der Widersachergeist zu ihrem Hauptankläger. Er hält ihr alle Vergehen vor, zu denen er selbst sie angestiftet hat, ruft sie ihr ins Gedächtnis zurück und peinigt sie dann.

Die animale Seele kann den Anklagen und den Peinigungen des Widersachergeists nicht entgehen, weil sie unter der Macht der ihr angehefteten Siegel und Bänder steht, durch die sie mit ihm verbunden ist und von denen sie nichts weiß (147, 178).

Nachdem sie die Peinigungen der Chaoshölle erduldet hat, wird die animale Seele vom Widersachergeist auf den Weg der Mitte geführt, wo sie von den Archonten über ihr Schicksal und über die Geheimnisse ihrer Bestimmung befragt wird. Wenn sie Letztere nicht kennt, peinigen die Archonten sie für alle Vergehen, die sie in Bezug auf ihre Bestimmung begangen hat (147).

Anschließend wird die animale Seele in das Licht der Sonne und vor die Lichtjungfrau (Sophia) geführt, die die Funktion der Totenrichterin hat. Diese verhört sie, um ihren Wert zu erkennen und sie zu prüfen. Wenn sie an ihr keine Spur heilbringender Mysterien finden kann, gießt sie ihr eine Tugend ein, durch die sie wieder einen Leib annehmen muss, prägt ihr das Siegel auf und befiehlt einem der Empfänger, sie in ein neues Dasein zu stoßen, das ihren früheren Taten entspricht (148).

Diese erste Phase der Reise nach dem Tod, die vom Tod zum Gericht führt, bedarf einiger Erläuterungen. Man kann den Sinn dieser Reise nicht verstehen, wenn man nicht weiß, dass in der *Pistis Sophia* das manifeste Universum in drei Welten gegliedert ist: die zwölf Äonen (Fixsternhimmel), das Schicksal (Planetenhimmel) und die Sphäre (Mondensphäre). Diese Welten verweisen auf die drei Naturen der Seele, die pneumatische, psychische und hylische, sowie auf ihre drei Bestandteile (Tugend, animale Seele, Widersachergeist). Jeder dieser drei Welten ist eine Hölle zugeordnet, in der sich alle psychischen Rückstände ansammeln, die die Seele während ihres Daseins erzeugt. Der Sphäre entspricht die Chaoshölle, der Ort, an dem die Seele alle Unreinheiten aus ihrem animalischen und grobstofflichen Leben sühnen muss; dem Schicksal entspricht die Hölle des Weges der Mitte, des Ortes, an dem alle Vergehen gesühnt werden, die durch das innere Leben der Seele angesammelt wurden; den zwölf Äonen entsprechen schließlich die zwölf Räume des Drachen, der Ort der Züchtigung für diejenigen, die wider den Geist sündigen. Während die Chaoshölle und der Weg der Mitte nur Fegefeuer sind und somit Phasen der vorübergehenden Reinigung, sind die zwölf Räume des Drachen eine ewige Hölle. Wenn die Seele auf ihrer Reise nach dem Tod die Chaoshölle und den Weg der Mitte durchquert, nicht aber die Räume des Drachen, dann deshalb, weil jeder Mensch durch seine körperliche und seelische Natur, durch sein animalisches und seelisches Leben immer Verbindungen mit der Sphäre und dem Schicksal knüpft, Verbindungen, von denen er sich völlig lösen muss, bevor er vor der Totenrichterin erscheint. Da aber der Zugang zum spirituellen Leben (zwölf Äonen) nur durch die Übertragung der Geheimnisse (mittels der Taufe) möglich ist, kann eine gewöhnliche (nicht getaufte) Seele nicht wider den Geist sündigen, denn sie kann nicht gegen Mysterien verstoßen, die sie nicht empfangen hat. Deshalb liegen die zwölf Räume des Drachen nicht auf dem Weg, der zum Gericht führt, sondern bilden, wie wir noch sehen werden, mögliche Folgen des Gerichts. Darüber hinaus kann nur die Lichtjungfrau die Geheimnisse in der Seele entdecken, die sie empfangen, erfüllt oder gegen die sie verstoßen hat.

Im Hinblick auf die Fegefeuer der Sphäre und des Schicksals ist es wichtig zu sehen, dass die Ankläger der Seele, die auch ihre Henker sein werden, keineswegs außerhalb ihrer selbst liegende Wesenheiten sind, sondern vielmehr konstitutive Elemente ihrer Individualität.

Der Widersachergeist, der die animale Seele anklagt und in der Chaoshölle quält, ist nichts anderes als die Gesamtheit ihrer animalischen Triebe. Diese erzeugen phantastische Bilder, die in ihr die Begierde nach Dingen entfachen, die sie nicht mehr erlangen kann, und lassen in ihr Ängste entstehen. Ebenso sind die Archonten des Weges der Mitte nur Modifikationen der demiurgischen Archonten, die die Seele geformt und ihr ihren demiurgischen Willen zu Organisation und Macht eingeprägt haben. Mit anderen Worten, diese Archonten sind die inneren Fähigkeiten der Seele, die das Feld des individuellen Bewusstseins strukturiert haben, es jetzt aber destrukturieren müssen, damit die Seele wieder in ihren ursprünglichen Zustand zurückkehren kann. Wenn die Archonten die Seele vor ihrer Bestrafung über die Geheimnisse ihres Schicksals befragen, an das sie sie gekettet haben, dann offenbar nur zu dem Zweck, um die Seele und ihr Wissen über das Geheimnis der Anbringung der Siegel (und deren Beseitigung) zu prüfen und herauszufinden, ob die Seele ihnen unterworfen bleiben oder aber sich von ihrer Tyrannei befreien können wird.

Die Zitate aus den Evangelien, die die Gnostiker als Belege für ihre Lehren heranzogen, gewinnen dadurch eine neue Dimension. So zum Beispiel Matthäus 5,25–26:

»Verständige Dich mit Deinem Gegner (Widersachergeist) ohne Zögern, solange Du noch mit ihm auf dem Wege (Dasein) bist, damit Dich nicht der Gegner dem Richter (Lichtjungfrau) und der Richter dem Gerichtsdiener (Empfänger) übergibt und Du

in den Kerker geworfen wirst (neuer Daseinszyklus). Wahrlich, ich sage Dir: Du kommst nicht heraus von dort, bis Du bezahlt hast den letzten Heller.« (153)

»Wahrlich, ich sage Dir, die Lichtjungfrau erspart der Seele die Wiederverkörperung nicht, solange diese nicht ihren letzten Schekel nach ihrem Verdienst entrichtet hat.« (148)

Den Gnostikern zufolge sammelte die Seele, die ursprünglich aus reiner Lichtsubstanz geschaffen war, während ihres Daseins dunkle Stoffe an, hylische und psychische Rückstände, von denen sie sich auf ihrer Reise nach dem Tod reinigen musste. Die gnostische Initiation hatte kein anderes Ziel, als diese Reinigung bereits während des Daseins zu vollziehen, denn:

»Wir müssen die Werke (...) vollbringen, solange es Tag ist; es kommt die Nacht, da niemand zu wirken vermag.« (Johannes 9,4)

Diese Reinigung von dunklen Stoffen wird mit der Abzahlung der Daseinsschuld verglichen:

»Gebt den Zins denjenigen, die den Zins sammeln; gebt Furcht denjenigen, die Furcht sammeln; gebt

den Tribut denjenigen, die den Tribut sammeln; gebt Ehre denjenigen, die Ehre sammeln; gebt Ruhm denjenigen, die des Ruhmes würdig sind.« (152; siehe auch Römer 13,7)

Wenn diese Rückzahlung nicht vor dem Tod geleistet werden konnte und wenn die Seele ihren inneren Mächten (den Archonten) hörig blieb, konnte sie nicht hoffen, ihrer Herrschaft zu entrinnen, und sie musste sich in einem neuen Daseinszyklus wieder in ihre Hände begeben. Die Zahlung der Schuld dagegen führte zum Abreißen und zur Auflösung der Siegel und dies war letztlich das Ziel der Heilsmysterien.

Die Nachtod-Erfahrungen der mysterienlosen Seelen

Die Seele, die während ihres Daseins kein Geheimnis empfangen hat, ist also zur Seelenwanderung verurteilt. Beim Tod muss sie sich in der Chaoshölle von den hylischen Rückständen und auf dem Weg der Mitte von den psychischen Rückständen reinigen. Nach dieser Phase in den beiden Fegefeuern der Sphäre und des Schicksals wird sie der Lichtjungfrau vorgeführt, die sie in ein weiteres Dasein stößt, da sie an ihr keine Spur der Geheimnisse entdecken konnte. Die Seele steigt dann wieder in die Hände der Archonten ab, die ihr bald den tödlichen Becher des Vergessens zu trinken geben, woraufhin sie sofort jegliche Erinnerung an alle Orte verliert, die sie durchquert hat, und an alle Peinigungen, die sie erdulden musste. Dieser Vergessenstrunk enthält den »Samen der Sünde und Bosheit«, der sich, sobald er genossen wird, mit der animalen Seele vereint und ihr neuer Widersachergeist wird. Die Archonten hauchen dann in die Mitte der animalen Seele und geben ihr die Tugend ein, die sie der Sophia ohne ihr Wissen vorenthalten. Nur die Tugend verleiht der animalen Seele die Sehnsucht nach dem ursprünglichen Licht; sie ist es auch, die der animalen Seele das Leben und den Zusammenhalt gibt (175). Die neu gebildete Seele wird daraufhin in einen Körper gestoßen. Mit allen Bändern und Siegeln der Archonten wird sie an ihren Widersachergeist und ihre neue Bestimmung geheftet; alle Orte (Zustände) werden versiegelt und die Seele selbst wird in dem Körper eingeschlossen.

Dieses allgemeine Schema macht den unerbittlichen Gang der Seelenwanderung deutlich, dem jede Seele unterworfen ist, die nichts von den Mysterien weiß und der Tyrannei der Archonten unterworfen ist. Diesem System, demzufolge die Welt das skandalöse Werk unfähiger Demiurgen ist (aber hat nicht Christus selbst diesen Skandal angeprangert?), müssen noch drei wichtige Elemente hinzugefügt werden. Erstens gehen die Archonten wie die Seelen nur deshalb aus der Sophia hervor, weil sich diese von der ursprünglichen Einheit getrennt und der universellen Bewegung unterworfen hat. Zweitens wissen die der Seelenwanderung unterworfenen Seelen nichts von der Entfremdung und der tyrannischen Herrschaft, der sie unterliegen, und drittens hat eine gerechte Seele immer die Möglichkeit, den Teufelskreis der Geburten zu durchbrechen und selbst etwas dafür zu tun, dass ihr die Mysterien zuteil werden.

Weil die Seele so viele Züchtigungen empfängt, wie sie Fehler und Sünden begangen hat (203), braucht eine Seele, die gerecht und sündenlos geblieben ist, nicht für Verhaftungen zu büßen, die sie nicht eingegangen ist. Trotzdem muss die gerechte Seele nach dem Tod denselben Weg gehen wie die verderbten Seelen, wobei jedoch die Züchtigungen der Chaoshölle und des Weges der Mitte an ihr vorübergehen. Wenn sie vor die Lichtjungfrau tritt und diese feststellt, dass sie gerecht, aber nicht in die Geheimnisse eingeweiht ist, dann wählt die Lichtjungfrau einen günstigen Augenblick in der Stellung der Gestirne und übergibt sie ihren Empfängern, damit diese sie in ein neues Schicksal stoßen, in dem sie die Mysterien entdecken kann. Dann durchläuft die gerechte Seele den Prozess ihrer Neubildung; nachdem sie jedoch den tödlichen Becher des Vergessens gekostet hat, gibt ihr ein friedfertiger Empfänger einen mit Weisheit gefüllten Becher, durch den sie ständig wach bleibt, bis sie die Mysterien empfängt. Man beachte hier die sehr wichtige Rolle der Lichtjungfrau, die mit derjenigen des Osiris im *Ägyptischen Totenbuch* vergleichbar ist. Die Lichtjungfrau ist hierbei das Urbild, dem die Abbilder gegenübertreten. Als Weltseele, die für die Vielfalt der individuellen, aus den Bruchstücken ihres Lichts gebildeten Seelen verantwortlich ist, versucht sie, diese der Herrschaft der Archonten zu entreißen, um sie wieder in sich aufzunehmen und so zu ihrer ursprünglichen Einheit zu gelangen. Sobald eine individuelle Seele die »Lichteigenschaft« der Weltseele aufweist, nimmt sie sie sofort aus dem Kreislauf der Seelenwanderung heraus. Diese »Lichtqualität« wird nicht aufgrund der oberflächlichen Unreinheiten beurteilt, die in den Fegefeuern beseitigt werden, sondern nach der Fähigkeit, die von den Archonten angehefteten Siegel zu zerbrechen, also nach dem Grad der erlangten Kenntnis und nach den empfangenen und vollzogenen Mysterien.

Die Taufmysterien und das Heil

Die pneumatische Initiation, die Erweckung zum spirituellen Leben umfasst drei Grade, die in den Evangelien den drei Taufen mit Wasser, dem Geist und Feuer (Matthäus 3,11; Lukas 3,16) entsprechen, und diese stehen in einer Beziehung zu den drei Mysterien des Lebens Christi: der Johannestaufe, der Verklärung und Pfingsten. Die erste Etappe der Wiederherstellung der Seele beginnt mit dem Empfang der Taufgeheimnisse. In der *Pistis Sophia* wird genau beschrieben, wie die Taufe die Vergebung der Sünden bewirkt und in welcher Weise dies die Entwicklung nach dem Tod beeinflusst: Sie wird mit einem heftigen Feuer verglichen, das heimlich in die Seele eindringt und alle Fehler verzehrt, die durch die Beziehungen mit dem Widersachergeist entstanden sind. Die Taufe dient vor allem dem Zweck, den Widersachergeist und die Bestimmung zu bekämpfen; sie trennt die beiden Letzteren von der animalen Seele und der Tugend und schiebt sich dazwischen. Wenn sie alle Reststoffe oder die Folgen begangener Fehler aufgezehrt hat, hindert sie die animale Seele daran, erneut vom Widersachergeist befleckt und verderbt zu werden (155). Die Taufe hat weiterhin die Macht, alle Bänder zu zerreißen und alle Siegel zu zerbrechen, die der Widersachergeist der animalen Seele eingepflanzt hat, und dies hat weitreichende Auswirkungen auf das Schicksal nach dem Tod: Der Widersachergeist kann nicht mehr zum Ankläger der animalen Seele in der Chaoshölle werden und diese dort festhalten. Dagegen erstreckt sich die Wirkung der Taufe nicht auf den Weg der Mitte. Sie schiebt sich zwar zwischen die animale Seele und ihre Bestimmung, aber sie vermag nichts gegen die Macht der Siegel, die die Archonten angebracht haben. Beim Tod entgeht also die Seele, die die Mysterien der Taufe empfangen hat, den Leiden der Chaoshölle, nicht aber denjenigen des Weges der Mitte. Wenn sie gereinigt ist, geht sie in den »Ort der reuigen Archonten« ein, der auch der Ort Iabraoths genannt wird.

Die Seele, die die Taufgeheimnisse empfangen hat, entgeht der Seelenwanderung, weil sie im Ort Iabraoths ihren Zustand und ihre individuelle Identität für alle Zeiten behält und passiv auf ihr Urteil wartet, das am Ende der Zeiten gesprochen wird, also bei der vollständigen Wiedervereinigung der Weltseele. Hier kommt der Begriff des Heils ins Spiel, wofür das Eingreifen eines Erlösers notwendig ist, der während der endgültigen Reintegration der Gemahl der Jungfrau oder der Weltseele wird (184).

Es muss hier betont werden, dass die Seele, die nur die Taufgeheimnisse empfangen hat, nicht alleine an den Ort ihrer Herkunft zurückkehren kann, weil sie immer noch unter dem Einfluss der Archonten des Schicksals (Planetenhimmel) steht, deren Macht erst am Ende der Zeiten gebrochen und reintegriert wird. Trotzdem hat die Seele großes Interesse daran, diese Mysterien zu empfangen, da diese sie aus dem Kreislauf der Seelenwanderung befreien, dem sie anders nicht entgehen könnte. Darüber hinaus müssen die Seelen, wenn der Zyklus der Menschheit insgesamt zu Ende geht und sich das Ende der Zeiten ankündigt, so schnell wie möglich dem Kreislauf der Wiedergeburten entgehen, denn alle, die zum Zeitpunkt der Wiederaufsaugung der Welten noch in diesem Kreislauf stehen, werden vernichtet und in das Urchaos zurückgeworfen (164).

Natürlich genügt es nicht, die Taufe empfangen zu haben, um der endgültigen Vernichtung zu entgehen. Die empfangenen Mysterien werden erst wirksam, wenn sie erfüllt, also im Bewusstsein aktualisiert sind. Wenn diese Geheimnisse vergessen, verletzt oder verhöhnt werden, wendet sich ihre Macht gegen den Betreffenden und das Ausmaß der Züchtigung wird demjenigen der Wohltaten entsprechen, die aus diesen Geheimnissen hätten hervorgehen sollen:

»Wem mehr anvertraut wurde, von dem wird mehr zurückgefordert werden.« (164)

Die Seelen, die das Mysterium der Taufe empfangen haben, werden erst am Ende der Zeiten gerichtet, wenn dasjenige stattfinden wird, was die christliche Tradition als das Jüngste Gericht bezeichnet, bei dem Christus, der Gemahl der Jungfrau und Erlöser, wiederkehren wird. Dann werden die Seelen nach ihren eigenen Eigenschaften gerichtet und entweder erlöst und wieder in die paradiesische Nähe aufgenommen (ohne jedoch ganz Teil der mystischen Vereinigung zu werden) oder aber verdammt und in die äußerste Finsternis hinausgestoßen. Ein ähnliches Schicksal ist den Archonten beschieden, also ihren jeweiligen Eigenschaften, durch die sie im individuellen Zustand bleiben und daran gehindert sind, mit der Weltseele eins zu werden (s. a. Seite 187 und Seite 173 über den Aufenthalt der »Erlösten«).

Die kleinen Mysterien und die Lösung der Siegel

Während die Mysterien der Taufe allen offenstehen und nur eine äußerliche und relativ passive Beteiligung des Bewusstseins verlangen, sind die höheren Geheimnisse nur für diejenigen bestimmt, die fähig sind, das Wirken des Erlösers zu verinnerlichen, in sich die Jungfräulichkeit Mariens und die Geburt Christi zu verwirklichen. Dies ist die Erklärung dafür, warum die Mysterien der Taufe von Johannes dem Täufer und die höheren Mysterien von Christus gebracht wurden. Die *Pistis Sophia* unterscheidet darüber hinaus unter den höheren Geheimnissen drei verschiedene Arten: die Geheimnisse der drei Räume, die Geheimnisse des Ersten Mysteriums und die Geheimnisse des Unaussprechlichen. Diese Geheimnisse, die in etwa den Kleinen Mysterien (Geheimnisse der drei Räume) und Großen Mysterien (Geheimnisse des Großen Mysteriums und des Unaussprechlichen) der Antike entsprechen, stehen in einer hierarchischen Ordnung und werden nacheinander empfangen. Wer also die Mysterien der Taufe empfangen hat, kann daran anschließend – sofern er qualifiziert ist – die Geheimnisse der drei Räume empfangen.

In der *Pistis Sophia* findet sich wenig Konkretes über die eigentliche Wirkung dieser kleinen Mysterien, doch kann man diese aufgrund der Ereignisse auf der Reise nach dem Tod in Grundzügen erschließen. Wenn die in die Mysterien der drei Räume eingeweihte Seele den Körper verlässt, stellen sich ihr der

Widersachergeist und das Schicksal in den Weg und versuchen, sie in die Hölle zu ziehen. Um den Widersachergeist abzuwehren, spricht die Seele daraufhin das ihr bekannte Geheimnis der Auflösung der Siegel aus und sofort fallen die Fesseln und Siegel ab, die sie an den Widersachergeist ketteten. Dann entreißen die Überführer vom Licht die Seele den Händen der friedfertigen Empfänger, werden für sie zu Lichtflügeln und tragen sie unmittelbar auf den Weg der Mitte (die Seelen, die in diese Mysterien eingeweiht sind, dürfen nicht in die Chaoshölle geführt werden), wo die Seele vor den Archonten erscheint, um sich zu rechtfertigen. Die Seele spricht daraufhin deren Geheimnis aus, das Geheimnis ihrer Orte und ihrer Siegel, sodass diese vor Angst vor ihrer Macht vergehen. Sie überlässt ihnen ihre Bestimmung, indem sie sich ihrer Tyrannei frei und ledig erklärt, und schwingt sich daraufhin mit den Überführern vom Licht in die Höhen auf, um vor der Lichtjungfrau zu erscheinen. Diese prüft sie, stellt in ihr die Macht der Mysterien fest und erteilt ihr die pneumatische Salbung. Am Ende ihrer Reise stellt die Seele die paradiesische Einheit und das ursprüngliche Licht wieder in sich her (148–151).

Außer der Tatsache, dass sich die Seele hier aktiv vom Widersachergeist befreit, während zuvor nur die

Taufe durch ihre eigene Kraft wirkte, fällt vor allem auf, dass die Seele jetzt ganz Herr ihres Schicksals ist und dass sich ihre Erlebnisse nach dem Tod dadurch völlig ändern, weil sie aktiv und unmittelbar ihre ursprüngliche Einheit wiederherstellt. Diese Veränderung, die sich in ihr vollzogen hat, liegt vor allem auf der geistigen Ebene, weil sie sich auf das Schicksal (Weg der Mitte) richtet, das heißt auf den Bereich der geistigen Fähigkeiten. Während sich die Seele durch die Taufe von allen ihren fleischlichen Bindungen, von ihren sinnlichen Begierden und ihrer Animalität befreite, lösen sich durch die kleinen Mysterien alle ihre affektiven Fesseln, die Fähigkeiten ihres Verstandes, ihres Gedächtnisses und ihrer Phantasie auf und damit alles, was ihre Individualität und ihre persönliche Bestimmung ausmachte. Die Seele befreit sich dadurch von ihrem individualisierenden Eigensein, also von demjenigen, was in ihr eine trügerische Trennung von den anderen Seelen erzeugte, und eint sich durch ihre universell gewordene Natur mit der Weltseele. Diese Lichtjungfrau oder Sophia findet darin ihr vollkommenes Abbild; daher wird die Seele zur legitimen Braut des Erlösers, den sie in sich zur Geburt gebracht hat.

Wie bei den Taufmysterien ist klar, dass die kleinen Mysterien vollzogen werden müssen, damit sie wirklich wirksam werden können, und dies kann nur in der Fähigkeit seinen Ausdruck finden, die Siegel des Schicksals zu brechen und somit das Spiel der psychischen Tätigkeit zu durchschauen.

Die großen Mysterien und die endgültige Erlösung

Die Seele, die die Mysterien der Taufe und diejenigen der drei Räume (kleine Mysterien) empfangen und in sich verwirklicht hat, ist also für immer von den Fesseln der Individualität erlöst. Sie wird die rechtmäßige Braut des Erlösers und verwirklicht so die ursprüngliche Androgynie. So führen die kleinen Mysterien zur göttlichen Einheit. Noch weiter aber führen die Großen Mysterien, nämlich zur höchsten Einigung und zur endgültigen Auslöschung. Sie umfassen, wie schon gesagt, die Geheimnisse des Ersten Mysteriums und diejenigen des Unaussprechlichen. Erstere führen zum Ort des Erbes, wo die Seele mit dem ersten Mysterium (dem Schöpferwort) eins wird; dies ist der Grad des absoluten Königtums, wo die Seele nicht mehr nur die Braut des Königs ist, sondern zum König selbst wird (wobei man hier nicht mehr von einer Seele sprechen kann). Letztere führen zur Erlösung, deren Merkmal die endgültige Vernichtung in Gott, die Auslöschung im Nichtseienden ist.

Die Jenseitsreise der in die großen Mysterien initiierten Seele wird dadurch erheblich verkürzt, dass sie weder der Sphäre noch dem Schicksal noch der Welt der Äonen Rechenschaft schuldig ist und sich auch nicht mehr vor der Lichtjungfrau verantworten muss, weil sie nicht nur ihre Individualität, sondern gewissermaßen auch ihre »Seeleneigenschaft« abgelegt und eine reine, aus dem WORT hervorgegangene Lichtschwingung geworden ist. Es heißt, dass die Geheimnisse des ersten Mysteriums und diejenigen des Unaussprechlichen der Seele alle Übertretungen erlassen, die diese zu allen Zeiten und an allen Orten möglicherweise begangen hat, und damit durch ihre Macht alle Folgen vergangener, gegenwärtiger und künftiger Taten jeglicher Art beseitigen (157). Dies setzt natürlich voraus, dass diese Geheimnisse im Bewusstsein vollzogen und verwirklicht wurden.

Im Augenblick des Todes wird die Seele, die die Geheimnisse des ersten Mysteriums empfangen hat, zu einem großen Lichtstrom, der den Händen der friedfertigen Empfänger entgleitet, die sie ergreifen wollen. Sie lässt diese von ihrer Lichtkraft geblendet zurück und bricht sofort zu den Höhen auf, überwindet die Sphäre, das Schicksal, die Äonen und alle höheren Orte, die aus dem ursprünglichen Licht hervorgegangen sind, ohne sich vor irgendjemandem mit einem Satz, einer Apologie oder einem Symbol zu rechtfertigen, weil sie volle Bewegungsfreiheit in allen höheren Welten hat (120).

Wenn die Seele schließlich zu den Geheimnissen des Unaussprechlichen gelangt, wo die friedfertigen Empfänger die Seele, die diese Geheimnisse empfangen hat, vom Körper ablösen, erfüllt dieses sie mit Furcht, und auf ihrem Weg verbreitet sie Schrecken und Verheerung. Keine Macht kann sie nun mehr zurückhalten, sich ihr nähern und ihr nicht einmal folgen und niemand weiß, welchen Weg sie geht (116).

Das Ende der Zeiten und die Verdammung

Die *Pistis Sophia* betrachtet die ewige Verdammnis niemals als den möglichen Ausgang eines individuellen Urteils, sondern in einem ganz anderen Sinne als eine unmittelbare Folge der Auflösung der Welten. Diese Auflösung geschieht, wenn »die Zahl der vollkommenen Seelen erreicht ist« oder, wenn man so will, wenn alle Möglichkeiten der Weltseele (Sophia) ausgeschöpft sind. Wenn dies einmal geschehen ist, werden sich die Pforten des Lichtreichs schließen und keine Seele kann mehr hineingelangen oder herauskommen. Zur Erklärung dieser Vorgänge verwendet die *Pistis Sophia* das Gleichnis von den klugen und den törichten Jungfrauen (Matthäus 25,1–13), und es wird hinzugefügt, wenn die Zeit gekommen ist und wenn alles Licht zu seiner Quelle zurückgekehrt sein wird, werden alle Welten zerstört und mit den Seelen verzehrt werden, die noch unterwegs sind (165).

Diese Zerstörung nun ist die Ursache der ewigen Verdammnis, die hier mit einem Zurückstoßen in die äußerste Finsternis gleichgesetzt wird. Alle Seelen, die nicht am Mysterium des Heils teilhaben, sind dazu verdammt, in die Nichtexistenz zurückzukehren (die sich vom Nichtsein in derselben Weise unterscheidet wie die Unbewusstheit von der absoluten Leere), zur ewigen Vernichtung in Feuer und Eis (168). Auch wenn es sich hier um die Auslöschung in der finsteren Substanz des Chaos handelt, bekräftigt die *Pistis Sophia* doch, dass diese den Höhepunkt der Qualen bedeutet, vermutlich wegen des unwiederbringlichen Verlustes des absoluten Guten.

Indes kann der einzige Ort wirklicher Peinigungen wohl nur das Fegefeuer sein, in dem die Intensität und die Dauer der Leiden proportional zum Grad der Einsenkung der Finsternis in das Licht der Seele sind. In diesem Zustand kann die Seele noch zwischen Gut und Böse unterscheiden. Dies ist aber nicht mehr der Fall, wenn sie in die äußerste Finsternis gestoßen wird und in der Unbewusstheit aufgeht. Dabei verliert sie das Bewusstsein für das Böse wie auch das Bewusstsein für das Leiden und beides kann weder absolut noch ewig sein. Wenn die semitische Eschatologie im Allgemeinen auf dem Schrecken der ewigen Verdammnis beharrt, dann vermutlich aus Gründen der Abschreckung, denn aus rein metaphysischer Sicht hat ewiges Leiden keinen Sinn.

Wenn man die Möglichkeiten der Nachtod-Zustände näher prüft, die wir kurz skizziert haben, wird deutlich, dass das individuelle Gericht nach dem Tod nicht unmittelbar in die Verstoßung in die äußerste Finsternis führt, wenn die Seele schuldig gesprochen wird. Für alle gerechten oder ungerechten Seelen, die die Mysterien nicht empfangen haben, ist die einzig mögliche Folge die Seelenwanderung. Für die Seelen, die die Taufe empfangen haben, wird das Gericht bis zum Ende der Zeiten aufgeschoben, wenn sich Licht und Finsternis endgültig trennen. Die Seelen, die die höheren Mysterien empfangen haben, kehren in dem Umfang in ihren Ursprung zurück, in dem sie diese Mysterien erlangt haben. Andernfalls können sie sich nicht von den Archonten des Schicksals und von deren Einfluss befreien und sie zählen zu der Schar jener Seelen, die das letzte Gericht erwarten.

Die *Pistis Sophia* kennt allerdings auch die Möglichkeit, dass bestimmte Verbrecher und Tempelschänder wegen der Schwere ihrer Vergehen niemals aus den Qualen der Fegefeuer erlöst werden und daher bei der Auflösung der Welten unmittelbar und unausweichlich in die äußerste Finsternis stürzen. Manche Seelen können sich sogar sofort in der Nichtexistenz vernichten (wenn sie sich während des Erdendaseins aufgelöst haben), doch bleiben diese wenigen Fälle ebenso die Ausnahme wie die Fälle der direkten Erlösung (198–201).

Diese letzteren Anmerkungen zeigen im Übrigen, dass die Seelenwanderung ein dem Christentum fremdes Phänomen ist, da sie durch die bloße Taufe beendet wird, und diese wird ja ausnahmslos allen Angehörigen der christlichen Gemeinschaft zuteil. Vermutlich aus diesem Grund wurde diese Lehre sehr bald wieder aufgegeben; hinzu kommt die Perspektive des Endes der Zeiten, deren Bedeutung notwendigerweise mit den jüngeren Religionen zunimmt.

Der Sohar

Neben der Bibel und dem Talmud bildet das *Sefer ha-Sohar* (»Buch des Glanzes«) die Basis der jüdischen kanonischen Schriften. Es ist ein umfangreicher esoterischer Kommentar zum Pentateuch oder der Thora. Auch wenn behauptet wird, dass die im *Sohar* genannten Überlieferungen bis auf das zweite Jahrhundert nach Christus zurückgehen, das heißt etwa auf die Zeit der Gnostiker, besteht doch weitgehend Einigkeit darüber, dass die Redaktion aus dem dreizehnten Jahrhundert datiert und dass dieses Werk eine der schönsten Hervorbringungen der Kabbala in ihrem goldenen Zeitalter ist.

Im *Sohar* wird das Problem des Todes immer wieder angesprochen, jedoch kaum in einer durchgängigen und umfassenden Weise. Die Themen des Auszugs der Seele, der Seelenwanderung, der Auferstehung des Leibes und der Paradiesfreuden werden getrennt behandelt und es ist nicht immer einfach, das einigende Band zu erkennen. Wie in den vorangegangenen Betrachtungen wollen wir versuchen, dieses Band herzustellen, wobei wir jedoch wiederum bestimmte Angaben außer Acht lassen müssen, die uns zu weit über das Thema hinausführen würden.

Ursprung und dreifache Verfassung der Seele

Der Tradition zufolge gehen alle Seelen der Welt aus dem Himmelsfluss hervor, dessen Wasser am Fuße des Lebensbaums entspringen. Bevor er jedoch in die Welt hinabfließt, führt er die Seelen in den Garten Eden, wie auch der Mann seinen Samen bereitstellt und durch das beiderseitige Verlangen die Frau schwanger wird (I.209a). Nachdem die Seele im Garten weilte, wird sie in die Welt geschickt. Dann werden ihr einhundert Schlüssel übergeben, denen einhundert Segnungen entsprechen, die jeden Tag ausgesprochen werden müssen; sie wird ermahnt, den Körper, den sie beseelen wird, auf dem rechten Weg zu halten und die Gebote zu beachten (I.284a).

Einer anderen Überlieferung zufolge kommen die Seelen aus dem höchsten Reich, und bevor sie in die Welt absteigen müssen, haucht sie der himmlische Priester an und schickt sie in den Lebensbaum; von dort fliegen sie davon, gelangen an einen Sammelort und steigen von dort aus schließlich auf die Erde herab (II.95b).

Die Seele, die sich auf der Erde inkarnieren muss, kommt also aus einer höheren Region in ein Zwischenreich, das Paradies, bevor sie zu ihrem irdischen Dasein in die untere Region gelangt. An ihrem Ursprungsort ist sie in ein kostbares Gewand gekleidet, das aus der Region des Königs stammt, dem Zentrum der Welt; dies ist Neschamah, der Seelenodem. Wenn sie in das Paradies kommt, zieht sie ein weiteres Gewand an und umhüllt sich mit einer niedrigeren Seele, die ihrer Natur nach nicht über das Paradies hinausgelangen kann: Dies ist Ruach, die Geistseele. Wenn sie schließlich das Paradies verlässt, nimmt sie ein äußeres Kleid an, Nephesch, die Triebseele, deren Essenz für einen Aufenthalt im Paradies zu geringwertig ist. Wenn die Seele im Paradies wohnt, wird Neschamah, die männlicher Natur ist, mit der Ruach vereinigt, die weiblicher Natur ist, und gemeinsam senden sie Licht aus. Während die Seelenodeme vom Lebensbaum ausgehen, kommen die Geistseelen aus einem anderen, kleineren Baum (I.224b; II.99b). Die Triebseele (Nephesch) ist die Erhalterin des Körpers (I.83b). Dies ist der erste Daseinsgrad. Wenn sich der Mensch der Nephesch bedient, um ein gutes Leben zu führen, offenbart sich in ihm der zweite Grad (Ruach, Geistseele) und in derselben Weise der dritte (Neschamah, Seelenodem), wenn der zweite vollendet ist (I.206a).

In diesen drei Seelengliedern erkennt man natürlich das Schema der Gnostiker wieder (Tugend, Triebseele, Widersachergeist); während allerdings Letztere aus dem Widersachergeist einen Feind der Seele machen, bezeichnet der *Sohar* die Triebseele als eine Erhalterin und Verbündete und weist den Geist des Bösen einer Macht zu, die nicht in der Seele selbst liegt.

Wenn nun die Seele den Garten Eden verlässt, um auf die Erde abzusteigen, muss sie das Gebiet des Dämonen durchqueren, wo sie sich manchmal dazu verführen lässt, sich dem »fremden Mann« zu vermählen. Damit unterwirft sie sich dem Geist der Sinne und hat keine Gewalt mehr über sich (II.95b).

Nach dem Erdendasein kehren die drei Seelenglieder dorthin zurück, woher sie gekommen sind, und zwar jeweils unter unterschiedlichen Bedingungen, denen wir uns noch zuwenden werden. Nephesch, die Triebseele, die den Körper geformt und für die Fortpflanzung gesorgt hat, begleitet den Körper in das Grab und wirkt an seinem Zerfall mit. Für sie bringt man Opfergaben dar (wie in Ägypten für das niedere Ka). Ruach, die Geistseele, die Nephesch bei ihren Handlungen angeleitet hat, kehrt normalerweise in das Paradies zurück und nimmt die Gestalt eines Engels mit dem Bildnis des Körpers an, den sie auf Erden hatte, um sich aller Wonnen zu erfreuen. Nephesch schließlich, der Seelenodem, steigt unmittelbar in die höchsten Regionen auf (I.287b). Das Schicksal der drei Seelenglieder bleibt jedoch letztlich in einer wechselseitigen Abhängigkeit: Wenn der Neschamah ein Hindernis entgegentritt, das sie daran hindert, ihren Platz wieder einzunehmen, muss auch Ruach vor dem Tor des Gartens Eden bleiben, während Nephesch keine Ruhe findet, die Welt durcheilt und über den Körper trauert, der von Würmern zerfressen wird (II.142a).

Der Schlaf und der Tod – die nächtliche Reise

Dem *Sohar* zufolge ist die Reise der Seele während des Schlafes dieselbe wie nach dem Tod. Daher »kosten alle Menschen während des Schlafes den Tod« (III.260a und III.156b) und »was der Seele nachts während des Schlafes geschieht, wiederholt sich in der Stunde, zu der sich die Seele für immer vom Körper trennt« (I.130b), denn »der Schlaf ist ein Sechzigstel des Todes« (II.173a).

Wenn die Stunde des Schlafs kommt, verlässt die Seele den Körper und lässt nur ihren Schatten (vermutlich Nephesch) zurück, das heißt nur dasjenige, was unbedingt für die Aufrechterhaltung der Lebensfunktionen notwendig ist. Anschließend versucht sie, sich zum Ort ihres Ursprungs zu erheben. Auf ihrem Weg begegnen ihr jedoch unreine Mächte, die beständig die heiligen Regionen umgeben. Wenn die Seele unrein und durch ihre Handlungen am Tage beschmutzt ist, gerät sie unter diese Mächte und kann nicht über sie hinausgelangen. Dann verbringt sie die Nacht mit ihnen und diese treiben ihren Spott mit ihr, wahrsagen ihr die Zukunft und verwirren sie. Am Morgen nimmt sie ihren Platz im Körper wieder ein und der Mensch erwacht. Wenn die Seele dagegen nicht befleckt ist, durchschreitet sie die unreinen Regionen, ohne an ihnen haften zu bleiben, und sie vermag die Glorie des Himmelskönigs zu schauen und sein Zelt zu betreten (I.83a).

Wenn eine reine Seele die unteren Regionen durchquert, treten die unreinen Geister beiseite und machen ihr den Weg frei und so kann sie sich frei durch alle Regionen bewegen (vgl. Ägypten und Gnosis). Wenn sie zu den höheren Engelwesen gelangt, gewähren diese ihr einen wirklichen Blick in die Zukunft, und wenn sie wieder durch die unteren Regionen zu ihrem Körper absteigt, versuchen die unreinen Geister ihr die mitgeteilten Geheimnisse zu entlocken (I.130a).

Der *Sohar* betont die Analogie zwischen der Reise nach dem Tod und der nächtlichen Reise der Seele, indem er sagt, dass die Seele jede Nacht aufsteigt, um Zeugnis von ihren Worten und Taten am Tage abzulegen. Ihr Bericht wird in ein Buch eingeschrieben, wobei die würdigen Worte dem König vorgelegt werden, während die unwürdigen ihren Abdruck auf der Seele hinterlassen (III.121b). An anderen Stellen kehren die Tage der Seele, wenn sie sich erschöpft haben, zum König zurück, um Zeugnis abzulegen (I.99a). Schließlich heißt es auch, dass die Seele jede Nacht, wenn sie den Körper verlässt und aufsteigt, vom Feuer verzehrt wird, damit sie die Gestalt des Körpers verliert; am Morgen wird sie wiedergeboren und nimmt diese Gestalt wieder an, und so wird sie an jedem Morgen erneuert (I.19a). Diese letztere Aussage stellt die Analogie zwischen dem Tod und dem Schlaf endgültig her und belegt die vom *Sohar* vertretene Lehre der Seelenwanderung.

Die Lehre von der Seelenwanderung

»Wenn Du einen hebräischen Sklaven erwirbst, so soll er sechs Jahre Dienst leisten, im siebten aber soll er ohne Entschädigung in die Freiheit entlassen werden.« (Exodus 21,2)

Anhand dieses Bibelworts entwickelt der *Sohar* seine Lehre von der Seelenwanderung. Der Sklave ist die

Seele und die sechs Jahre stehen für die Daseinszyklen, die die Seele braucht, um zur Vollkommenheit zu gelangen und alle ihre Möglichkeiten auszuleben. Hier kehrt das Grundschema der sechs Schöpfungstage wieder, die ihre Vollendung im siebten finden. Alle der Seelenwanderung unterworfenen Seelen sind aus der Seite Metatrons hervorgegangen, der die sechs Richtungen des Raums umfasst. Diejenigen Seelen, die den siebten Grad erlangt haben, gehen aus der Seite der Schechina (dem weiblichen Aspekt Gottes) hervor und sind keinen neuen Verkörperungen mehr unterworfen.

> *»Verkauft ein Mann seine Tochter als Sklavin, so soll sie nicht wie die Sklaven entlassen werden.« (Exodus 21,7)*

Der Mann steht für Gott, seine Tochter für Israel, das heißt für die reine Seele. Die übrigen Sklaven sind die Seelen, die aus der Seite des Dieners namens Metatron hervorgegangen sind (II.94a und b).

Jede Seele ist der Seelenwanderung unterworfen, wenn sie für unvollständig befunden wird. Der Mann aber ist unvollständig, wenn er bei seinem Tod keine Söhne hinterlässt und er kann in diesem Fall nicht einmal in den Vorhof des Paradieses eintreten. Wie ein Baum, der keine Frucht gegeben hat, muss er erneut eingepflanzt werden, damit der heilige Name »in allen Richtungen vervollständigt wird« (I.48a). Nachkommenschaft ist so sehr die Grundbedingung der Wiedereinsetzung ins Paradies (I.115a), dass sogar derjenige, der Tag und Nacht dem Studium des Gesetzes oblag, aber seine Quelle auf Erden versiegen ließ, das himmlische Paradies niemals schauen wird (I.187a). Was auch immer die Ursache der Unfruchtbarkeit sein mag, sie stellt einen Verstoß gegen das Gebot »Wachset und mehret Euch« dar, das heißt gegen den Daseinsgrund eines jeglichen Geschöpfs und gegen Gott selbst. Derselbe Grundsatz liegt auch der Verurteilung der Onanie zugrunde (I.219b).

Auch wenn man natürlich diese Aussagen wörtlich nehmen kann, muss man sie doch vor allen Dingen auf den Bereich der Seele übertragen, denn der Körper ist nur deren Abspiegelung. Vor diesem Hintergrund wird deutlicher, warum sich die Seele wiederverkörpern muss, wenn es ihr nicht gelingt, ihre Möglichkeiten auszuschöpfen und fruchtbar zu werden. Jede Herabkunft ist für die Seele wie der Niederstieg eines Messias und die Geburt eines Erlösergeistes, der sie in ihren ursprünglichen Zustand zurückversetzen wird. Solange der Erlösergeist nicht in der Seele geboren wird, bleibt diese dem Kreislauf der Wiedergeburten unterworfen, dem sie nur dadurch entgehen kann, dass sie ihre Unfruchtbarkeit beendet. Aus dieser Sicht stellt der Mensch, der das Gesetz studiert, aber seine Quelle vertrocknen lässt, die Seele dar, die sich mit dem Buchstaben begnügt und den Geist sterben lässt. Diese Sichtweise löst darüber hinaus einen typischen traditionellen Widerspruch auf: Der *Sohar* sagt einerseits, dass die Seelen Israels der Seelenwanderung nicht unterworfen sind, und andererseits, dass ein Mensch, der hervorragend in der Thora bewandert ist, aber ohne Kinder stirbt, zur Wiedergeburt verurteilt wird. Die wörtliche Lesart ist sicher nicht möglich, da immer wieder Juden schicksalhaft ohne Nachkommenschaft sterben; es kommt also nur eine Deutung im übertragenen Sinne infrage.

Mit der Erlösung durch Nachkommenschaft verhält es sich ähnlich wie mit der Erlösung durch den Messias, über den der *Sohar* nur wenig sagt. Im *Talmud* verkündet der Messias, dass er alle Seelen Israels erlösen wird, die noch lebenden wie die seit Adam verstorbenen und auch diejenigen, die noch kommen werden und noch nicht geschaffen sind (Pesikta Rabati, Kapitel XXXVI). Unter den »Seelen Israels« sind alle Seelen zu verstehen, die in die heilige Gemeinschaft eingetreten sind und die den heiligen Bund geachtet haben, womit sie sich im Umkreis des Erlösers befinden, sofern sie nicht in sich selbst die messianische Geburt zuwege gebracht haben.

Die Lehre von der Seelenwanderung bleibt aber hier nicht stehen; hinzu kommen die Lehre von der Metempsychose und diejenige von den Schwesterseelen. Wenn die höhere Seele auf die Erde niedersteigt, mit ihrer Geistseele und ihrer Triebseele umkleidet, kann sie eine weitere Geistseele aufnehmen, die einst einen Körper beseelte, aber unrein blieb und daher ruhelos im unendlichen Raum umherschweifen musste. In dieser Weise spielt die erstere Geistseele für die wandernde Seele die Rolle einer Erlöserseele; die beiden werden zu verbundenen Seelen in einem Körper (II.99b) (Metempsychose).

Die männlichen Seelen gehen vom Baum der Weisheit aus, die weiblichen vom unteren Baum. Im Augenblick der Vermählung lässt der Mann seine eigene Seele in den Körper der Frau eindringen; die beiden Seelen vermischen sich miteinander und gehen unaufhörlich von einem Körper zum anderen. Sie bilden damit Schwesterseelen. Wenn der Mann stirbt und die Frau nicht wieder heiratet, bleibt der Geist des Mannes in ihr wohnen, solange die Zeit seiner Buße nach dem Tod andauert. Er weilt an der Pforte des Paradieses und besucht sie immer wieder. Wenn die Frau ebenfalls stirbt, vereinigen sich die beiden Seelen und erstrahlen in einem großen Licht (II.101a und II.102b).

»Ist er allein gekommen, so soll er auch allein fortgehen; war er aber bereits verheiratet, so soll seine Frau mit ihm gehen.« (Exodus 21,3)

Manchmal kommt es vor, dass eine Seele ohne eine Schwesterseele herniedersteigt. Dies ist bei Männern der Fall, die sich scheiden ließen und allein ins Dasein zurückkehren müssen. Wenn sie reuig sind, können sie wieder eine Frau finden und bei ihrem Tod wieder in das Paradies gelangen; sie haben aber keine Beziehung zu ihr, weil diese Frau ja nicht die Schwesterseele ist. Wenn sie sich auch diesmal nicht würdig erweisen, haben sie keine Gelegenheit mehr, sich zu rehabilitieren.

Wenn sich ein Mann vermählt hat und keine Kinder hat, hält man ihm guten Willen zugute und es wird ihm erlaubt, durch eine neue Inkarnation zum Heil zu gelangen. Die Schwesterseele der Frau kehrt ebenfalls zur Erde zurück, und wenn sie diesmal Kinder haben, sind sie rehabilitiert (II.106a).

Der *Sohar* nimmt noch an vielen anderen Stellen Bezug auf die Sklavengesetze im Buch Exodus (Kapitel 21), die im Übrigen nicht frei von Widersprüchen sind. Uns kommt es hier aber darauf an, dass die Vermählung der Schwesternseelen – wie im Zusammenhang mit dem Abstieg – unserer Ansicht nach von einem esoterischen oder inneren Standpunkt aus betrachtet werden muss. Wie es heißt, ist Neschamah, die höhere Seele, männlicher Natur, während Ruach, die Geistseele, weiblicher Natur ist; im Paradies werden beide miteinander vereint. Die durch das Erdendasein voneinander getrennten Neschamah und Ruach sind daher nichts anderes als Schwesterseelen, die sich wieder miteinander verbinden müssen, und die Gatten sind nichts anderes als ihre jeweiligen Abbilder und die Träger ihrer Projektion.

Die Stufen der Reise nach dem Tod

Der *Sohar* gliedert die Reise nach dem Tod in sieben Phasen, in denen jeweils ein Urteil und eine Strafe über den Verstorbenen verhängt werden. Die erste Stufe ist der Augenblick, in der sich die Seele vom Körper trennt und der Tod verfügt wird. Auf der zweiten Stufe gehen dem Toten seine Taten und Worte voraus und verkünden sein Betragen. Die dritte Stufe ist der Augenblick der Beerdigung, die vierte die Zeit, in der sich der Verstorbene im Grab befindet. Die fünfte Phase ist diejenige des Zerfalls des Körpers. Die sechste Phase ist die Zeit der Höllenstrafe und auf der siebten Stufe durchwandert die Seele ruhelos die Welt (II.199b und III.126b).

Diese Gliederung wird nicht immer genau eingehalten und es gibt Varianten. So schaut laut Kapitel III.53a der Mensch im Augenblick des Todes die Schechina (die göttliche Gegenwart, die himmlische Braut, die Entsprechung der Weltseele), die ihm gebietet, den Leib zu verlassen. Dann wird die Seele mit dem Körper vom Engel Douma gerichtet. Anschließend wird der Körper im Grab bis zum Zerfall gezüchtigt und die Seele büßt die ihr zugemessene Zeit in der Hölle. Die von ihren Sünden gereinigte Seele verlässt die Hölle und wartet im unteren Paradies, bis sie auf dem Altar als Brandopfer dargebracht wird (III.53a).

Diesen beiden Schemata zufolge kann man wenigstens fünf Stufen auf der Reise nach dem Tod unterscheiden, die teilweise gleichzeitig ablaufen können: Die erste Schau, das Gericht über die Taten, der Zerfall des Körpers, die Züchtigung der Seele und das Warten auf ein neues Schicksal.

In den letzten dreißig Tagen vor dem Tod steigt die Seele jede Nacht zum Himmel auf, um den Platz zu sehen, der ihr bestimmt ist, und der Mensch träumt nicht mehr. Sein Bildnis verdunkelt sich und sein Schatten hat keinen Umriss mehr (I.217b). Zum Zeitpunkt des Todes erblickt der Mensch das Antlitz Adams oder dasjenige der Schechina; in diesem Augenblick weicht die Seele aus dem Körper (I.227a). Der Mensch begegnet auch seinen bereits verstorbenen Eltern und Freunden, die ihn in die andere Welt geleiten. Wenn er würdig ist, freuen sich seine Freunde; wenn er unwürdig ist, sind sie betrübt (I.218b). Die Kinder haben die Pflicht, dem Toten die Augen zu schließen: Nachdem der Verstorbene im Augenblick des Todes Gott, Adam oder die Schechina erblickt hat, darf er den Dämon nicht erblicken, denn sein Auge würde einen Fluch tragen, und deshalb werden auch die Augen des Toten mit Erde bedeckt (I.226a).

Wenig später sieht der Verstorbene drei Boten herabsteigen, die vor ihm die Tage seines Lebens und seine Fehler wie seine guten Taten aufzählen, und sie lassen ihn ein Protokoll unterzeichnen (I.79a). Wenn die Seele würdig ist, steigt sie zum Garten Eden auf; andernfalls bleibt sie auf der Erde, bis ihr Körper begraben wird. Dann wandert die Seele in den ersten sieben Tagen nach dem Tod zwischen ihrem Grab und dem Haus, das sie bewohnte, hin und her (I.218b). Wenn der Körper kein Grab erhält, kommen die Vorgänge nach dem Tod zum Erliegen und die Seele kann weder zu Gott aufsteigen noch einen anderen Körper erhalten, wenn ihr die Wiedergeburt bestimmt ist (III.88a).

Im nächsten Stadium erlebt der Verstorbene die Scheidung der Elemente seiner Seele; nur noch die Triebseele bleibt bei dem Körper im Grab. Dann folgt die zwölf Monate währende Züchtigung des Körpers. Während dieser von den Würmern zerfressen wird, spürt die Triebseele alle Schmerzen des Zerfalls. Sie teilt auch das Leid der Angehörigen des Verstorbenen, kann ihnen aber nicht zu Hilfe kommen. Nach zwölf Monaten erlangt der Körper die Ruhe und die Triebseele wird von ihm befreit. Wenn die Seele gerecht war, erleidet die Triebseele nicht die dem Körper zugefügten Züchtigungen (I.225a).

Wie im Schlaf bleibt die Triebseele in Kontakt mit dem Körper, während die höhere Seele aufsteigt, um ihre Bleibe zu finden. Wenn die Seele würdig ist, gelangt sie durch alle unreinen Regionen und die Himmelstore hindurch, ohne dass sich ihr ein Wächter entgegenstellt. Wenn sie unwürdig ist, wird sie bald von unreinen Geistern aufgehalten und fällt dem Douma in die Hände, der sie in die Hölle schleudert (I.130b). Hierzu im Widerspruch steht allerdings eine andere *Sohar*-Stelle, derzufolge auch die vollkommensten Gerechten in die Hölle absteigen, denn niemand ist absolut sündenfrei (III.220b). Offensichtlich ist es hier die Rolle der Hölle, die Sünden, nicht die Seelen zu verzehren, sofern natürlich die Seelen durch Reue und Buße von ihren Sünden Abstand nehmen. Auch diejenigen, die Buße tun wollten, aber daran gehindert waren, vermögen die Pforten der Hölle zu sprengen; nur diejenigen, die niemals bereuen wollten, bleiben auf ewig in der Hölle (II.150a). An einigen *Sohar*-Stellen ist die Hölle ein Feuerstrom, durch den alle Seelen zu ihrer Reinigung hindurchgehen müssen, und es kommt vor, dass Seelen in diesem Fluss ertrinken, vom Feuer verzehrt werden und nicht wieder auftauchen (II.247a).

Wenn die Seele von den Höllenwächtern ergriffen wird, übergeben diese sie dem Douma, dem obersten Vorsteher der Hölle. Douma gebietet über dreizehntausend mal sechstausend Engel, die die Aufsicht über die Seelen der Sünder haben. Die Hölle hat sieben Abteilungen, deren schrecklichste die Scheol und vor allem Abadon sind, wo die Seele für ewig verloren ist. Sie hat weiterhin sieben von Engeln bewachte Pforten und Douma übergibt den Vorstehern der Pforten die Seelen der Schuldigen. Diese werden zwölf Monate lang gepeinigt, ebenso lange wie der Körper, und zwar abwechselnd mit Feuer und Eis (I.238b). Während der Sabbattage wird die Peinigung unterbrochen und die Pforten werden geöffnet. Am Ende des Sabbats kehren die Schuldigen zurück und die Peinigung wird fortgesetzt (1.237b). Die Höllenbeschreibung des *Sohar* deckt sich weitgehend mit derjenigen der *Pistis Sophia* – man braucht lediglich die Engel durch die Archonten zu ersetzen. Außerdem bestätigt die Unterbrechung der Peinigung an den Sabbattagen das, was wir bereits hinsichtlich der Unmöglichkeit eines ewigen Leidens gesagt haben. Am Sabbat kehrt die ganze Schöpfung wie am Ende der Zeiten, das der Sabbat schlechthin ist, zu Gott zurück, und da die Hölle Teil der Schöpfung ist, werden auch ihre Strafen für diese Zeit unterbrochen.

Wer die Hölle verlassen darf, ist nicht notwendigerweise schon gereinigt und geläutert. So werden die gottlosen Seelen, die in die Hölle gestoßen wurden, dreimal täglich wieder heraufgeholt, um gerichtet zu werden.

Dann schließen sich die Dämonen ihnen an und gemeinsam durchstreifen sie die Welt, um die lebenden Seelen in die Irre zu führen. Dann kehren sie wieder in die Hölle zurück, wo die Dämonen erneut die Seelen beschmutzen (III.70a). Andere unwürdige Seelen wiederum, die den Feuerstrom überquert haben und trotzdem nicht gereinigt und geläutert wurden, sind dem Schleuderstein vergleichbar, der ständig hin- und hergeworfen wird, worin wohl ein Hinweis auf die Seelenwanderung zu sehen ist (I.217b). Wiederholt weist der *Sohar* darauf hin, dass es unmöglich ist, nach dem Tod irgendetwas zu bewirken, und dass man unbedingt jetzt schon seine Vorbereitungen für das Jenseits treffen muss:

> *»Tue alles, was Deine Hand mithilfe Deiner Kraft zu tun vermag, denn im Grab, in das Du gehst, gibt es kein Wirken, keine Vernunft, keine Weisheit und keine Wissenschaft.« (I.196b)*

Die Auferstehung der Toten

Der *Sohar* sagt sehr wenig über die Zeit, nachdem die einzelne Seele die Hölle verlassen hat, bis zur allgemeinen Auferstehung der Toten, die am Ende der Zeiten bei der Erneuerung der Welt stattfinden soll. Was geschieht mit der Seele zwischen dem Ende ihrer Peinigungen und der Wiederauferstehung? Wohin geht sie? Welche Seelen kommen in den Genuss dieses Zustands? Die Lehren hierüber sind nicht einheitlich (I.69a). Einigen Andeutungen könnte man entnehmen, dass die gereinigten Seelen in einer relativen Gottesnähe im Zustand des Wartens und der

Ruhe verweilen (I.130b), bis sie eines Tages den Auftrag erhalten, in ihren Körper zurückzukehren, den sie bei ihrer letzten Erdenreise beseelten. An anderen Stellen ist die Rede von »der Schar derjenigen, die im Staub der Erde schlafen und aufwachen werden, die einen zum ewigen Leben, die anderen zur ewigen Schmach«, womit dieser Übergangszustand durchaus nichts »Vorparadiesisches« hat (I.131 a).

Dieser Zustand der Seele scheint jedenfalls eine Fortsetzung des menschlichen Zustands auf unbestimmte Zeit zu sein, womit der Kreislauf der Wiederverkörperungen in Erwartung des letzten Gerichts durchbrochen ist.

Die Wiederauferstehung der Toten soll offensichtlich im Land Israel stattfinden. Die Körper derjenigen, die in der Fremde gestorben und begraben sind, werden unter der Erde nach Palästina gerollt, denn nur dort können sie ihre Seele empfangen (I.69a). Das Land Israel bezeichnet hier den Ort der Wiederherstellung des Paradieszustandes, und diejenigen, die nicht dort gestorben sind, haben den Zustand der Heiligkeit Israels nicht erlangt. Diese werden vorläufig bis zu ihrem – günstigen oder ungünstigen – Urteil »erhöht«. Letzter Hinweis zeigt, dass die Auferstehung der Toten für ganz Israel und nur für Israel gilt, wie auch das Jüngste Gericht und die Wiederkehr

Christi nur für die christliche Gemeinde gilt. Natürlich sind hierin nur gleichwertige Entsprechungen, keineswegs unverträgliche Widersprüche zu sehen.

Dem *Sohar* zufolge müssen die Toten unter der Erde ruhen, weil sie geläutert werden müssen. Dort zerfallen sie vollständig, bis nur noch ein Löffel Verrottetes zurückbleibt, das für ihre Wiederherstellung benötigt wird (I.19a). An anderer Stelle heißt es, dass immer ein Knochen des Körpers erhalten bleibt, mit dessen Hilfe der Körper im Augenblick der Auferstehung wiederhergestellt wird. Dieser Knochen hat die Funktion einer Hefe; er dehnt sich in die vier Windrichtungen aus und lässt den Körper mit allen seinen Gliedern neu erstehen (II.28b). Die Knochen streben zueinander und jeder fügt sich in sein Gelenk ein. Die Nerven entstehen auf den Knochen und das Fleisch umkleidet sie. Schließlich überzieht sich das Ganze mit Haut. Die Wiederherstellung des Körpers erfolgt also umgekehrt wie sein Zerfall, bei dem sich zuerst die Haut, dann das Fleisch und schließlich die Knochen auflösen (III.222a nach Ezechiel, Kapitel 37). Dem wiedererweckten Körper wird die Seele eingegeben, die bis dahin von der Matrona (Weltseele) aufbewahrt wurde, und Körper und Seele müssen nach ihrer Wiedervereinigung über alle ihre Taten Rechenschaft ablegen. Es werden Bücher geöffnet und die Vorsteher der Strenge machen sich zum Handeln bereit. Nach dem Gericht trennt sich die Seele wiederum vom Körper und geht dorthin, wohin sie geführt wird (I.201 b).

Man muss sich hüten, den Begriff der Wiederauferstehung der Toten wörtlich zu nehmen, auch wenn der *Sohar* selbst nirgendwo eine andere Deutung gibt. Ein Blick in Kapitel 2 und 3 der Genesis zeigt, dass die Symbolik des Knochens, des Fleisches und der Haut bei der Bildung von Mann und Frau eine wichtige Rolle spielt. Wenn JHWH Elohim dem Mann eine Rippe entnimmt, um hieraus die Frau zu gestalten, bedient er sich des Knochens, um ihn mit Fleisch zu umgeben, während er umgekehrt die Stelle, an der er den Knochen entnahm, mit Fleisch ausfüllt. Der Mann ist daher hauptsächlich aus Knochen gemacht, die Frau aus Fleisch, wobei jeder in sich den Keim der entgegengesetzten Essenz trägt. Deshalb sagt der Mann, als er die Frau erblickt: »Diese ist Bein von meinem Gebein und Fleisch von meinem Fleisch.« Im Bericht der Genesis fällt weiterhin auf, dass Gott den Mann und die Frau bei der Vertreibung aus dem Garten Eden mit Fellröcken bekleidet. Diese drei Elemente, die in einer strengen chronologischen Reihenfolge stehen, sind nicht zufällig in diesem Bericht vorhanden. Im *Sohar* selbst wird bekräftigt, dass Neschamah, die höhere Seele, von männlicher Substanz ist während Ruach, die Geistseele, von weiblicher Substanz ist, und dass beide im Paradiesgarten vereint sind. Weiterhin heißt es, dass sich Neschamah und Ruach, als sie zusammen den Paradiesgarten verlassen, mit Nephesch umhüllen, der Triebseele. Aus dieser Gegenüberstellung ergibt sich ohne Weiteres, dass Neschamah niemand anders als Isch ist, der Mann oder die männliche Essenz, und Ruach-Ischah, die Frau oder die weibliche Essenz. Nephesch, die Triebseele, ist der Fellrock, mit dem sich die männliche und die weibliche Seele erst bei der Vertreibung aus dem Paradiesgarten umkleiden. Wie bei dem Prozess der Wiederauferstehung der Toten wird aus dem Mann (Knochen) die Frau (Fleisch) geschaffen; dann erhalten beide ihr Kleid (Haut bzw. »Fell«). Unter diesem Aspekt handelt es sich hier also um eine Wiederauferstehung der Seele in ihrer Ganzheit. In diesem Fall aber kann man sich mit Recht die Frage stellen, warum es heißt, dass der Körper wiederhergestellt wird und dieser anschließend von der Seele belebt wird. Bevor man diese Frage lösen kann, muss man sich darüber im Klaren sein, dass sich die Wiederauferstehung des Körpers ausschließlich im Hinblick auf das letzte Gericht vollzieht, woraufhin sich Körper und Seele erneut trennen, und dass es ja der Körper ist, der über alle Taten der Seele Rechenschaft ablegt. Der Körper ist daher gewissermaßen das Substrat, in das sich die Aktivität der Seele einprägt und in dem sie sich manifestiert, und der Körper ist bei der Wiederauferstehung nichts anderes als die Summe dieser Einprägungen der Seele, der Rechenschaftsbericht ihrer Aktivitäten und über ihre Qualität. In einem gewissen Sinne kann man sagen, dass der Körper »Das Buch der Seele« ist, und deshalb heißt es, dass »die Bücher geöffnet werden«. Die Gegenwart der Seele beim Letzten Gericht bedeutet, dass sie bei der Beurteilung ihrer eigenen Handlungen als Zuschauerin und wirkende Kraft hinter diesen Taten beteiligt ist. Wenn der Körper (Taten) gerichtet ist, wird das Urteil an der Seele (Urheberin der Taten) vollzogen. Diesmal bezieht sich das Gericht nicht mehr auf die Fehler und Verstöße, dic die Seele im Laufe des Daseins begangen hat und die ihr bereits die Qualen des Grabes und der Hölle eingetragen haben. Es kann nur die positive Qualität der Seele sein, die geprüft wird, ihr Aufblühen und ihr Fruchttragen.

Die Hölle und die Stationen des Paradieses

Die Interpretation, die wir hinsichtlich der Auferstehung des Körpers gegeben haben, hat den Vorzug, dass sie zugleich auch den Sinn der Abschnitte der Reise nach dem Tod erklärt. Wenn man bedenkt, dass Nephesch die Haut der Seele ist, Ruach ihr Fleisch und Neschamah ihre Knochen, dann stellt man fest, dass Nephesch als Erste zerstört wird und mit dem Körper zerfällt, dass Ruach in der Hölle eine Reinigung durchläuft, die sie nicht immer übersteht, und dass schließlich Neschamah überhaupt nicht verändert wird – sie ist unvergängliche »Knochensubstanz«. Der Prozess der Reinigung nach dem Tod entspricht daher demjenigen, der in der *Pistis Sophia* dargelegt wurde: Die niedere Seele erduldet die Qualen, die dem Körper zugefügt werden, doch werden diese Züchtigungen nur empfunden, wenn das Bewusstsein mit dem Körper verbunden bleibt, der ein Gefangener der animalischen Triebe ist, und diese geben dem Körper das Leben. Die mittlere Seele kann grundsätzlich erlöst werden, muss aber vorher gereinigt werden. Die höhere Seele schließlich erleidet keinen Schaden, sofern sie nicht auf ein Hindernis stößt, was wahrscheinlich bedeutet, dass ihre Natur verletzt wurde (»Sünde wider den Geist«).

Wie die *Pistis Sophia* kennt der *Sohar* Fälle von Höllenstrafen, die bis zur Wiederauferstehung der Toten dauern. Es ist nicht anzunehmen, dass die Hölle über diesen Zeitpunkt hinaus Bestand hat, doch äußert sich der *Sohar* hierüber kaum und spricht nur von der ewigen Schmach. Wenn man sich aber die eigentliche Funktion der Hölle vor Augen hält, die darin besteht, Verderbtes zur Auflösung zu bringen und dasjenige zu reinigen, was reintegriert werden kann, dann ist klar, dass die Hölle ihre Existenzberechtigung verliert, wenn alles in seinen ursprünglichen Zustand zurückversetzt ist und die Ewigkeit anbricht.

Wie bei der Verdammnis gibt es Fälle, in denen die Wiederaufnahme in das Paradies direkt erfolgt und die Seele weder Qualen des Körpers noch die Höllenstrafe erdulden muss. Dies ist der Fall bei den Gerechten, die nicht losgekauft zu werden brauchen und die zweifellos nicht auf das Ende der Zeiten warten müssen, um den Paradieseszustand genießen zu können. Der *Sohar* unterscheidet zwischen zwei Ebenen des Paradieses, dem Vorparadies und dem Inneren. Die erstere Ebene, die dem »Rande des Gartens Eden« entspricht, ist die Ebene der Seelen, »die in Sion und in Jerusalem geblieben sind und die Heilige genannt wurden« (das heißt, die die Gebote hielten). Diese Seelen erfahren die passive Wiederherstellung, nachdem sie in der Fortsetzung des menschlichen Zustands das Ende der Zeiten erwartet haben. Die zweite Ebene, die der Mitte des Gartens Eden entspricht, ist über eine Säule zugänglich, die »Wohnstatt des

Berges Sion« heißt und direkt zum König führt. Die Seelen, die diesen Weg beschreiten, finden ihre Wonne im Herrn selbst (I.219a). Dieser Weg ist der Weg der aktiven Wiederherstellung, der zur mystischen Vereinigung führt. Dann »wird das Licht des Mondes (Ruach) von seiner Dunkelheit befreit und wird ebenso strahlen wie das Licht der Sonne (Neschamah)« (I.70b).

> *»Es gibt im Himmel einen verborgenen Palast, der Palast der Liebe heißt. In diesem Palast küsst der König die heiligen Seelen, die dort eingehen ... dann erhebt sie der Allheilige in hohe Regionen, wo er mit ihnen spielt ...« (II.97a)*

Nach der unteren Glorie, die dem Grad des Heils entspricht, und der oberen Glorie, die sich »über die Himmel hinaus« erhebt und die dem Grad der Einigung entspricht, sind noch die »hohen Regionen« zu überschreiten, um die letzten Grade der höchsten Einigung und der Erlösung zu erlangen.

Die platonischen Mythen

Es gibt bei Platon keine einheitliche Lehre, in der er den Zustand des Menschen nach dem Tod darlegen würde, sondern nur eine Reihe von Überlieferungen, die in die sokratischen Dialoge eingestreut sind. Diese Überlieferungen sind zum größten Teil stark mythisch geprägt, auch wenn sie rein metaphysische oder ethische Erwägungen begleiten, und werden als geschlossene Systeme dargelegt. Aus diesem Grund werden sie auch im Folgenden getrennt behandelt.

Timaios

Dem *Timaios* zufolge wird die individuelle Seele aus der Substanz der Weltseele und ihrer Teilung in so viele Stücke geboren, wie der Himmel Sterne hat. Jede Seele ist also ein Bruchstück der universalen Seele; es wird ihr ein Stern zugewiesen, in den sie wie in einen Wagen gesetzt wird. Er eröffnet ihr einen Blick in die Natur des Alls und verkündet ihr die Schicksalsgesetze.

Kraft der Notwendigkeit wird die Seele dann einem Körper eingepflanzt und Sokrates betont, dass alle Seelen bei ihrer ersten Inkarnation gleich behandelt werden, um keine zu benachteiligen. Während ihres Daseins wird die Seele von Leidenschaften bewegt; diejenige, die sich gegenüber diesen Leidenschaften behaupten kann, lebt in Gerechtigkeit, während diejenige, die sich von ihnen überwältigen lässt, in Ungerechtigkeit lebt. Die gerechte Seele, die die ihr zugemessene Zeit gut nutzte, kehrt wieder zu dem Stern zurück, für den sie bestimmt ist, und lebt dort in Glückseligkeit. Die ungerechte Seele dagegen wird zu einer zweiten Geburt verurteilt, in der sie die Gestalt einer Frau annehmen muss. Wenn ihre Boshaftigkeit anhält, folgen weitere Geburten in der Gestalt von Tieren, denen sie in ihren Sitten glich. Ihre Leiden enden erst dann, wenn sie der wirren Masse der Elemente Herr wird, aus denen sie zusammengesetzt ist, und von diesem Zeitpunkt an kehrt sie wieder in ihren vorzüglichen früheren Zustand zurück.

Diese Lehre ist durch und durch mythisch, und wie sich noch zeigen wird, führt jegliche wörtliche Deutung in Widersprüche mit den übrigen platonischen Mythen. Das Entscheidende ist hier die Darstellung des Prozesses einer Verschlechterung des ursprünglichen Bewusstseins: Die Seele ist zunächst mit spirituellen Fähigkeiten (Mann) begabt, die, wenn sie nicht nutzbringend eingesetzt werden, aufgesogen werden und den psychischen Fähigkeiten (Frau) freien Lauf lassen. Diese wiederum können unter die Herrschaft der animalischen Fähigkeiten (Tierverkörperungen) geraten. Eine ähnliche Symbolik werden wir im *Er-Mythos* wiederfinden.

Trotz der scheinbaren Übereinstimmung darf man diese Lehre wohl nicht mit der Darstellung im *Phaidon* (31) vergleichen, wo ebenfalls die Rede von Tierverkörperungen ist. Der Dialog Phaidon bezieht sich auf das Phänomen der Metempsychose, die etwas anderes ist als Seelenwanderung und von der noch die Rede sein wird.

Gorgias

Vom Zustand nach dem Tod im eigentlichen Sinne ist im Werk Platons drei Mal die Rede: im *Gorgias*, im *Staat* und im *Phaidon*. In diesen drei mythologisch geprägten Darlegungen gibt es Unterschiede und Ähnlichkeiten.

Dem *Gorgias* (Kapitel 53) zufolge bewahrt nicht nur der Körper nach dem Tode die ihm angeborenen und zu Lebzeiten erworbenen Merkmale, sondern auch die des Körpers beraubte Seele zeigt sichtbar ihre natürlichen Eigenschaften und alle Veränderungen, denen sie im Laufe ihres Erdendaseins unterworfen war. Wenn sie vor den/die Richter der Unterwelt kommt (Rhadamantys, Äakos und Minos), wird sie einfach beschaut, ohne befragt oder überhaupt identifiziert zu werden, und die Richter sehen an ihr alle Wunden und Narben, die durch Meineide und Ungerechtigkeit hervorgerufen wurden, alle Verkrümmungen durch Verlogenheit und Prahlerei, alle Hässlichkeit infolge der Ungebundenheit und Üppigkeit und der Maßlosigkeit der Handlungen.

Die Seele erscheint also völlig nackt vor ihren Richtern, die – und dies ist wichtig – ebenfalls nackt sind (Kapitel 79). Sokrates betont dies und verweist darauf, dass sich hinter den Gewändern des Adels, des Reichtums und der Ehrenhaftigkeit verderbte Seelen verbergen können. Indem er geschickt einen alten Mythos heranzieht, legt er dar, wie die Menschen zu Lebzeiten bekleidet und von bekleideten Richtern (die also durch die Kleider der Seelen getäuscht werden) gerichtet werden und wie im Augenblick des Todes alle Wahrheit in ihrer Nacktheit erscheint. Diese Gleichheit des Zustands von Richter und Gerichteten zeigt hinreichend, dass jede Seele ihren eigenen Richter in sich selbst trägt.

Wenn das Urteil gefällt ist, schickt der Richter der Unterwelt die Seele der Ruchlosen in den Tartaros mit einem entsprechenden Vermerk dafür, ob er sie für heilbar oder unheilbar hält. Dort angekommen erleidet die schuldige Seele die ihrem Zustand gebührende Strafe. Die Seele aber, die fromm und der Wahrheit ergeben gelebt hat, erregt die Bewunderung des Richters und er schickt sie auf die Inseln der Seligen (Kapitel 82).

Wie man sieht, wurde im *Gorgias* die Lehre vom Leben nach dem Tod auf den einfachsten Nenner gebracht. Trotzdem kann man hierin dieselbe Dreistufigkeit der Schicksalsmöglichkeiten wie in den bisherigen Beispielen erkennen: Die frommen Seelen erdulden keinerlei Peinigungen und genießen die Freuden der Seligkeit; die schuldigen, aber heilbaren Seelen müssen ihren Fehlern entsprechend ein Fegefeuer durchlaufen, während die unheilbaren Seelen ewig in diesen Fegefeuern bleiben müssen und als abschreckende Beispiele für die heilbaren Seelen dienen (Kapitel 81).

Der Staat – der Er-Mythos

Der Mythos von *Er* dem Pamphylier, der in Platons *Staat* (10. Buch) wiedergegeben wird, berichtet von den Todeserlebnissen eines gefallenen Kriegers, der zehn Tage nach seinem vermeintlichen Tod zum Leben zurückgekehrt war.

Er berichtet, dass seine Seele seinen Körper verließ und in Begleitung anderer verstorbener Seelen wandernd an einen wunderbaren Ort gelangte, wo sich in der Erde zwei Spalten und diesen gegenüberliegend zwei weitere Spalten am Himmel zeigten. In der Mitte und zwischen diesen vier Pforten saßen Richter, die die Seelen empfingen und ihr Urteil sprachen. Den gerechten Seelen wurde, nachdem ihnen ein Zeichen angeheftet worden war, die Pforte zur Rechten angewiesen, die zum Himmel führte. Die ungerechten Seelen hingegen mussten die Pforte zur Linken durchschreiten, die in die Erde führte. Er aber sah auch, dass aus der Spalte, die aus der Erde heraufführte, früher verstorbene Seelen herauskamen, mit Schmutz und Staub bedeckt, und dass aus der Pforte zur Linken, die vom Himmel herabführte, gereinigte Seelen herabkamen, und beide machten den Eindruck, als kämen sie von einer langen Wanderung. Die Seelen, die aus der Erde heraufkamen, erzählten schreckliche Dinge, die sie während ihres Daseins unter der Erde, das tausend Jahre (symbolisch für die Ewigkeit) dauerte, ertragen mussten; diejenigen, die vom Himmel kamen, erzählten von ihrem dortigen Wohlergehen. Ihren Berichten zufolge wurde jede

Seele entsprechend ihrer Sünden und Verdienste zehnfach bestraft bzw. belohnt. Die Seelen der Schwerverbrecher wurden immer wieder in die Erde zurückgestoßen, denn die Pforte gab ihnen niemals den Durchgang frei.

Jede Gruppe von Seelen, die vom Himmel herab- oder aus der Erde heraufstieg, blieb sieben Tage an diesem Ort der Begegnung und musste sich dann nach einer viertägigen Wanderung bei einem Lichtband einfinden, das Himmel und Erde miteinander verband und an dem die Spindel der Notwendigkeit befestigt war, die die Sphären in Drehung versetzte. Drei weibliche Gestalten, die Töchter der Notwendigkeit, die Moiren, saßen hier und sangen. Lachesis verkündete die Vergangenheit, Klotho die Gegenwart und Atropos die Zukunft.

Die neu vom Himmel oder der Erde angekommenen (das heißt kürzlich verstorbenen) Seelen mussten einen Daimon oder ein Lebensmuster wählen, denn sie mussten in den sterblichen Zustand zurückkehren. So wurden vor ihren Augen die verschiedensten Lebensformen aufgestellt, hässliche und angesehene, solche mit vielen Freuden und solche mit vielen Leiden, doch wurde ihnen gesagt, dass die Tugend herrenlos sei, dass jeder, je nachdem wie sehr er sie ehrte oder missachtete, mehr oder weniger von ihr empfinge und dass die Schuld bei dem Wählenden läge, nicht bei Gott. Mit anderen Worten, mit diesen mehr oder weniger erfreulichen Lebensformen war keine bestimmte Festlegung des Charakters der Seele verbunden und die Entscheidung für ein angenehmes und berühmtes Leben konnte große Gefahren in sich bergen, weil nur die Gerechtigkeit oder Ungerechtigkeit der Handlungen vergolten wurde. Umgekehrt konnte sich die Entscheidung für ein elendes Leben als sehr klug erweisen; es kam darauf an, dass sich jede Seele für das Dasein entschied, das ihren Bedürfnissen am meisten entsprach, das heißt, das zu ihren Mängeln passte.

Er sah nun mit Verblüffung, wie sich die vom Himmel kommenden Seelen auf die angenehmsten Daseinsformen stürzten, weil sie ein Leben in Freuden gewohnt waren, und wie im Gegensatz dazu die aus der Erde kommenden Seelen ihre Wahl nicht so unbedacht trafen, weil sie sich an ihre Leiden erinnerten. Das Schauspiel war »ebenso erbarmenswert wie lächerlich und wunderbar«, denn die meisten der Seelen trafen ihre Wahl gemäß der früheren Lebensgewohnheit. So entschied sich Orpheus für ein Leben als Schwan, weil er wegen seiner Ermordung durch Frauen nicht mehr von einer Frau geboren werden wollte, Aias (Ajax) für dasjenige eines Löwen, Agamemnon für das eines Adlers, Odysseus für das Leben eines Biedermannes, ein Possenreißer für dasjenige eines Affen, ein Mann für das Leben einer Frau und umgekehrt, ein Schwan für dasjenige eines Menschen usw. Alle Seelenwanderungen zwischen Mann, Frau und Tierarten schienen möglich. Die Gerechten verwandelten sich in zahme, die Ungerechten in wilde Arten.

Nachdem schließlich alle Seelen ihre Lebensläufe gewählt hatten, empfingen sie von Lachesis den Dämon, den sie sich erwählt hatten, als Hüter ihres Lebens und Vollstrecker ihres Schicksals. Der Dämon führte dann die Seele zu Klotho, die das erwählte Schicksal bestätigte. Schließlich brachte er sie zur Atropos, die dasjenige unabänderlich machte, was von Klotho und der Spindel der Notwendigkeit gesponnen worden war. Anschließend begaben sich die Seelen zum Felde der Vergessenheit bei dem Flusse »Sorgenlos«, dessen Wasser die Kraft hatte, jegliche Erinnerung auszulöschen. Jede Seele musste davon trinken und manche tranken mehr davon, als notwendig war. Mitten in der Nacht brach ein Gewitter los und die Seelen wurden durch den Raum zum Ort ihrer Geburt geschleudert.

Dieser Bericht führt die im *Gorgias* entwickelten Gedanken fort und gibt eine sehr umfassende Darstellung der Reise nach dem Tode, wobei die Aufmerksamkeit vor allem dem Ende dieser Reise gilt. Die Zwischenstufe, also der Aufenthalt im Fegefeuer, wird ausführlich im *Phaidon* behandelt, dem wir uns noch zuwenden werden.

Zunächst aber wirft diese mythische Darstellung des Daseins nach dem Tode einige Fragen auf. Es lassen sich drei deutlich voneinander abgegrenzte Phasen unterscheiden: das Gericht, der verdiente Aufenthalt im Himmel bzw. in der Hölle und die Wahl des neuen Schicksals. Während nun Platon ausführlich den Aufenthalt der ungerechten Seelen in der Hölle und ihre (zeitlichen oder ewigen) Qualen darstellt und während deren sehnlicher Wunsch, ihrem schlimmen Zustand zu entgehen, nur berechtigt und logisch erscheint, bleibt andererseits völlig unverständlich, was die aus dem Himmel kommenden gerechten Seelen veranlasst, ein neues Erdenleben anzustreben. Hierfür fehlt jede Erklärung und Platon selbst schweigt sich hierüber aus. Dies führt uns zu der folgenden Schlussfolgerung: Der Aufenthalt im Himmel ist im Grunde nur eine Art »Purgatorium der Verdienste«, in dem die Seele lediglich den Lohn ihrer früheren Handlungen genießt, die zwar gerecht, aber oberflächlich waren und letztlich zu keiner qualitativen Veränderung führten. Nachdem sie ihre Verdienste aufgezehrt hat, kehrt sie wieder in die Sterblichkeit zurück, weil sie widerwillig dazu gedrängt ist, ihre Unvollständigkeit zu beheben. Für diese Schlussfolgerung spricht auch die Tatsache, dass die gerechten Seelen bei der Wahl ihres nächsten Lebenslaufs sehr unbedacht sind, während die ungerechten Seelen, die gepeinigt wurden, sehr viel umsichtiger sind. Offensichtlich stehen hier die gerechten Seelen in keiner besseren Position als die ungerechten – der Bericht des *Er* lässt hieran keinen Zweifel.

Aus dieser Sicht ist der hier beschriebene Aufenthaltsort nichts anderes als das, was man traditionell als den Limbus oder die Mondensphäre bezeichnet, die das doppelte Antlitz der (wohlwollenden) Artemis oder der (übelwollenden) Hekate zeigt. Man kann ihn mit der Scheol oder dem jüdisch-christlichen Fegefeuer vergleichen, das mit wenigen Ausnahmen kein ewiger Zustand ist. Dennoch sind gegenüber den semitischen Lehren drei Unterschiede festzuhalten: Die Szene des Gerichts geht dem Dasein nach dem Tode voran, die Wahl des neuen Schicksals am Ende dieses Aufenthalts trifft die Seele selbst und ist nicht das Wirken ihrer inneren Kräfte (Gottheiten) und schließlich besteht der entscheidende Unterschied darin, dass dieser Aufenthalt glücklich oder unglücklich sein kann. Demzufolge ist dies der Ort, an dem sich die Konsequenzen der angesammelten Vergehen bzw. Verdienste zur Geltung bringen, bis sie aufgezehrt sind. Hierin liegt ein Unterschied zur jüdisch-christlichen Scheol, die in einer zeitlich unbeschränkten Fortdauer der seelischen Individualität in Erwartung eines Letzten Gerichts besteht. Die Vergehen werden hier sofort gesühnt, während die Belohnung der Verdienste aufgeschoben wird, und das Gericht dient einem anderen Zweck.

In der griechischen Eschatologie ist daher das Leben nach dem Tod durchaus mit dem Schlafzustand vergleichbar, in dem Träume auftreten, die die Folge der Seelentätigkeit und der Aktivitäten am Tage sind. Der einzige Unterschied liegt in der Intensität der Erfahrung, denn nach dem Tod wird alles »zehnfach« vergolten. Sokrates selbst verweist übrigens auf die Analogie zwischen Schlaf und Tod (Phaidon, Kapitel XVI).

Im Zusammenhang mit der Auswahl der neuen Lebensläufe sind einige weitere Bemerkungen zum *Er-Mythos* notwendig. An dieser Stelle des platonischen Berichts tauchen nämlich große Unklarheiten und einige flagrante Widersprüche auf. So heißt es, dass jedes Lebewesen, Mensch oder Tier, die Möglichkeit hat, das Geschlecht und die Art auszuwählen, dem bzw. der es angehören möchte. Hierbei fällt, am

Rande bemerkt, auf, dass bei den zahlreichen aufgeführten Beispielen das Geschlecht der Tiere nicht differenziert wird, womit hier wiederum die Symbolik der drei großen Kategorien (Mann, Frau, Tier) auftaucht, die schon im *Timaios* dargestellt wurde. Ein erster Widerspruch gegenüber dem vorgenannten Text besteht nun darin, dass dort die erste Geburt immer männlich, die zweite weiblich und die darauffolgenden in Tiergestalt erfolgten, womit offenbar doch keine wirkliche Auswahl möglich ist.

Wenn man weiterhin bedenkt, dass die einer neuen Verkörperung entgegengehenden Seelen soeben ihre Vergehen gesühnt bzw. den Lohn ihrer guten Taten empfangen haben, kann man sich kaum vorstellen, dass sie zuvor einer Tierart angehörten, da man bei Tieren kaum ein ethisches Bewusstsein voraussetzen kann. Daraus folgt aber, dass in dem Bericht des *Er* (und im Geiste Platons) alle Seelen, die ihr künftiges Schicksal wählen, menschliche Seelen sind, wodurch sich der Bereich der möglichen Wiederverkörperungen einengt.

Schließlich betont Platon, dass alle Seelen nach ihren bisherigen Gewohnheiten wählten, wobei er jedoch widersprüchliche Beispiele gibt. Ajax, Agamemnon und Orpheus bleiben ihrer Natur treu; Odysseus wählt einen anderen Zustand, Atalante und Epeios wählen ein anderes Geschlecht usw. Einige wählen aus Sympathie, andere aus Antipathie. Platon schließt mit der Aussage, dass sich die Gerechten in zahme Arten, die Ungerechten in wilde Arten verwandeln, und dies beschreibt, wie wir noch sehen werden, das im Phaidon enthaltene Phänomen der Metempsychose, nicht dasjenige der Seelenwanderung.

Letztlich aber kommt es auf solche Unstimmigkeiten kaum an, denn das eigentliche Thema der Darlegungen liegt anderswo. Anhand der aus der Tierwelt ausgewählten Symbole will Platon vor allem zeigen, dass in allen menschlichen Lebensbereichen jegliche Form der Umwandlung möglich ist, und es ist natürlich am einfachsten, eine Daseinsform mithilfe des Tieres zu bezeichnen, das diese am besten repräsentiert. *Er* sagt auch in seinem Bericht, dass die Seelen nicht das eigentliche Tierdasein wählten, sondern den Schutzgeist dieses Daseins, den Daimon. Schließlich heißt es im Text nicht, dass die von ihren Schutzgeistern begleiteten Seelen zu einer irdischen Existenz zurückkehren, sondern dass sie in höhere Räume geschleudert werden, wo sie ihrer neuen Geburt entgegengehen, und dies zeigt eher, dass ihr künftiges Schicksal eine Möglichkeit des Fortschreitens aus einer vertieften Erkenntnis ihres eigenen Wesens beinhaltet. Der Rückschritt in eine Tiergestalt ist nur als

Züchtigung, als Hingabe an die Passivität und Verzicht auf die menschliche Freiheit zu verstehen. Wie wir aber gesehen haben, haben die Seelen bereits ihre Strafe in Form einer absoluten Passivität erduldet, während doch jeder Mensch nach immer größerer Freiheit strebt.

Phaidon

In einem weit weniger mythischen Dialog (Phaidon, Kapitel XXX und XXXI) befasst sich Sokrates mit dem Problem der Metempsychose, die er, wie es scheint, nicht von der Seelenwanderung unterscheidet. An dieser Stelle müssen diese beiden Begriffe differenziert werden, die gemeinhin nicht unterschieden werden, aber völlig verschiedene Phänomene bezeichnen. Unter Metempsychose ist der Übergang von dissoziierten psychischen Elementen eines Körpers auf einen anderen Körper zu verstehen, sei es anlässlich des Todes, sei es durch Fortpflanzung, wobei die bekannten Manifestationen psychischer Vererbung und des genetischen Gedächtnisses auftreten. Diese psychischen Elemente sind notwendigerweise relativ grober Natur und an die sinnliche Erfahrung geknüpft. Sie bestehen im

Wesentlichen aus seelischen Bildern, die durch die (animalische) Lebenstätigkeit aufgezeichnet wurden, weil sie einem unwiderstehlichen Drang zur Welt der Körper unterliegen. Nach dem Tode zerfallen die Bilder des niederen Seelenlebens und gehen in die undifferenzierte psychische Substanz ein, wo sie anschließend andere psychische Zusammenballungen bilden, die sich an andere Daseinsformen anheften. Dieser Prozess ist demjenigen des Zerfalls des stofflichen Körpers absolut gleich. Es ist jedoch möglich, dass psychische Aggregate noch mit Bildern befrachtet sind, weil sie sich nicht auflösen konnten, und direkt in andere Individualitäten übergehen. Diese Elemente sind zwar grober Natur, aber nicht unbedingt schädlich. Wichtig ist hierbei, dass das eigentliche Wesen an solchen Übertragungen nicht beteiligt ist, weil sein Bewusstsein jenseits der sinnlichen Erfahrungen steht.

Ganz anders verhält es sich mit dem Phänomen der Seelenwanderung, mit dem wir uns bereits ausführlich auseinandergesetzt haben. Hierbei geht es nur um das eigentliche Wesen, und zwar das (im Fegefeuer) von allen Seelenbildern befreite Bewusstsein. Daher kann im Gegensatz zur Metempsychose die Seelenwanderung nicht zu Erinnerungen an ein früheres Leben führen.

Sokrates geht vom Fall einer befleckten und ganz den Bedürfnissen des Körpers unterworfenen Seele aus, der es nicht gelang, sich einer geistigen Wirklichkeit zuzuwenden. Er erklärt dies so, dass diese Seele ganz von körperlichen Elementen durchdrungen ist, die in ihr durch ihren Umgang mit dem Körper wuchsen und von denen sie sich nicht trennen konnte. Dann erklärt er, wie diese niederdrückenden, belastenden und erdartigen Elemente die Seele nach dem Tod zurückhalten und wie sich diese, weil sie sich nicht lösen kann, an den Gedenksteinen und Gräbern umhertreibt, bis sie wieder einen Körper findet, in den sie wieder eingeschlossen wird (Phaidon, Kapitel XXX).

Er fügt hinzu, dass jede Seele in einer Tierform eingeschlossen wird, die ihrem bisherigen Verhalten entspricht. So werden zum Beispiel die Vielfraße, die Gewalttätigen und die Trunksüchtigen zu Eseln und ähnlichen Tieren. Die Ungerechten, die Tyrannen und die Räuber gehen in die Gestalt von Wölfen und Geiern ein. Die Tugendhaften bekommen den Körper gutmütiger und verträglicher Tiere oder werden sogar zu Menschen. Nur die wahren Philosophen gehen in das Geschlecht der Götter ein (XXXI).

Dass wir diesen Abschnitt nicht mit den vorigen Dialogen vergleichen können, in denen die Rede von

Inkarnationen unter einer Tiergestalt ist (*Staat* und *Timaios*), hat zwei Gründe. Im *Phaidon* geht diesen Inkarnationen kein Urteil und kein Aufenthalt im Hades voran und zweitens entstehen diese Inkarnationen durch direkten Übergang aufgrund einer Wesensgleichheit, und dies ist das typische Merkmal der Metempsychose. Was Sokrates hier als »Seele« bezeichnet, besteht nur aus psychischen Elementen, die mit der Körpererfahrung verknüpft sind, wie er selbst darlegt.

Im *Phaidon* findet sich jedoch noch eine Fülle weiterer Lehren und der Dialog enthält eine sehr ausführliche Beschreibung des Auszugs der Seele nach dem Tod und ihres Aufenthalts im Hades (Kapitel LVII). Sokrates beginnt seine Rede mit der Feststellung, dass die Seele »nichts anderes mit sich nimmt als ihre Bildung und sittliche Zucht, welche, wie es heißt, dem Verstorbenen den größten Nutzen oder Schaden bringt«. Nach dem Tode führt der mit der Seele verbundene Daimon diese an den Ort des Gerichts. Wenn die Seele klug und vernünftig ist, folgt sie willig ihrem Führer. Die leidenschaftlich am Körper hängende Seele dagegen bleibt diesem und der sinnlichen Welt lange verhaftet, wie wir gesehen haben, und erst nach vielem Widerstreben und langen Leiden gelingt es dem Daimon, der sie führt, sie zum

Ort des Gerichts zu bringen. Wenn die Seele ungeläutert und verbrecherisch ist, wird sie von allen gemieden und geflohen; alleine irrt sie voller Verzweiflung umher, denn niemand will ihr Begleiter oder Führer werden. Nach einer gewissen Zeit muss sie sich doch dem ihr bestimmten Ort zuwenden (Kapitel LVII).

Es folgt eine ausführliche Schilderung der Erde, die die Verstorbenen erwartet, mit allen Freuden, die es auf ihrer Oberfläche gibt (es sind die zur Vollkommenheit gebrachten Wonnen dieser Erde), aber auch düsteren Regionen und Feuerströmen, die in ihren Tiefen fließen (Kapitel LIX bis LXI).

Wenn das Urteil gesprochen ist, werden die Seelen in diese unterschiedlichen Regionen geführt. Diejenigen, die sich während ihres Erdendaseins in der Mitte zwischen Gut und Böse hielten, werden zum Acheron geschickt, wo sie Boote besteigen, die sie zum Acherusischen See tragen. Dort lassen sie sich nieder, reinigen sich und erhalten ihren Lohn, je nach ihren guten und bösen Taten.

Die wegen der Größe ihrer Verbrechen als unheilbar geltenden Seelen aber werden in den Tartaros geworfen, aus dem sie nicht wieder herauskommen, sofern sie nicht vor ihrem Tod Reue gezeigt haben. In diesem Fall wirft sie die Strömung des Tartaros in den Kokytos oder den Pyriphlegethon aus. Diese Ströme tragen sie an den Rand des Acherusischen Sees, einen in der Mitte liegenden Ort. Dort rufen die verbrecherischen Seelen laut nach den Seelen, die sie getötet oder misshandelt haben und flehen darum, sie in den See gelangen zu lassen und sie aufzunehmen. Wenn die geschädigten Seelen sie erhören, kommen sie in den See, wo ihre Leiden ein Ende haben. Anderenfalls werden sie erneut in den Tartaros geworfen und ihre Leiden finden kein Ende, bis ihre ehemaligen Opfer ihnen vergeben (Kapitel LXII).

Dieser Gedanke ist gewiss einer der wichtigsten des *Phaidon*, denn er klärt uns über die Dauer und zugleich den Sinn der Leiden nach dem Tod auf. Der Verbrecher wird hier als ein Mensch betrachtet, der unglücklicherweise aus der menschlichen Ordnung gefallen ist und dessen Strafe in eben jener Absonderung besteht, die ihn in die Trennung und in seine eigene Zerstörung führt. Die Strafe kann aber in dem Maße zur Sühne werden, wie der Verbrecher versucht, diese Ordnung, gegen die er verstoßen hat, wiederherzustellen, und wie es ihm gelingt, sich ihr durch Leiden und Demütigung wieder einzugliedern. Hierbei ist zu betonen, und dieses Detail ist wichtig, dass die Wiedergutmachung der begangenen Fehler nur dann möglich ist, wenn sich der reuige Sünder vor dem Tod hierauf vorbereitet und in sich diese

Haltung wachgerufen hat. Da man nach dem Tod völlig passiv ist, hat die verstorbene Seele keinerlei Möglichkeit eines spontanen willentlichen Eingreifens. Diesbezüglich stimmen alle Lehren überein.

Sokrates beschließt seine Ausführungen über das Leben nach dem Tode mit dem Schicksal der heiligen Seelen, die durch die Philosophie gereinigt sind. Diese sind von der unterirdischen Gefangenschaft ausgenommen und bewegen sich frei und körperlos (Kapitel LXII).

Wie man mit Recht erwartet und gemäß der Lehren im *Staat* (Er-Mythos) ist dieser Aufenthalt dennoch nicht von ewiger Dauer, weil jede Seele erneut wandern muss. Wiederum widerspricht sich Platon hier; im selben Dialog sagt er, dass die reine Seele, die durch Askese während ihres Daseins nichts von ihrem Körper mit sich nahm, »in das Reich des mit ihr gleichartigen Unsichtbaren, des Göttlichen und Unsterblichen und Vernünftigen entweicht, wo angelangt sie selige Ruhe findet, befreit von Irrsal und Unvernunft, von Furcht, Liebesraserei und den sonstigen menschlichen Übeln. Dort lebt sie, wie es von den Eingeweihten heißt, die übrige Zeit in Wahrheit mit den Göttern vereint« (Kapitel XXIX).

Die letztere Beschreibung deckt sich offensichtlich mit den höheren Zuständen vor der Erlösung, durch die weitere Seelenwanderungen ausgeschlossen werden, und sie zeigt zugleich, dass Platon nur eine annähernde und ungenaue Kenntnis der Möglichkeiten nach dem Tod hatte, wie sie doch in den Überlieferungen beschrieben sind, auf die er sich beruft. In der *Odyssee* dringt Odysseus in die Grotte der Nymphen ein, die ein Bild der Mitte der Welt und der Höhle des Herzens ist. Homer sagt, dass sie zwei Pforten besitzt: »Die eine, die nach Norden führt, ist für die Menschen gemacht; die andere, die nach Süden weist, hat göttlicheren Charakter; die Menschen durchschreiten sie nicht, denn dies ist der Ausgang der Unsterblichen.«

Diese Symbolik der Pforten, wie sie sich in derselben Weise im Hinduismus findet (Bhagavadgîtâ. VIII, 23–26), drückt genau die beiden Möglichkeiten der Seele auf ihrer Reise nach dem Tod gemäß der griechischen Eschatologie aus. Die Pforte der Menschen (oder der Ahnen) ist diejenige der gewöhnlichen Seelen; sie führt zum Gericht, zum glücklichen und unglücklichen Aufenthalt im Limbus, zur Aufzehrung der angesammelten Fehler und Verdienste und schließlich zur Wiederverkörperung. In jedem neuen Leben ist die Seele frei von allen früheren Fehlern oder Verdiensten und hat die Möglichkeit, in ihrem Wesen fortzuschreiten und so die Einheit und den Glanz ihres ursprünglichen Zustands wiederzuerlangen (Timaios). Wenn sie dies erreicht hat, durchschreitet sie nach dem Tod die Pforte der Götter (oder Unsterblichen) und befreit sich für immer vom Dasein und dem Kreislauf des Werdens.

Der Vedanta

Zur Darstellung der großen Linien der indischen Lehre bezüglich des Lebens nach dem Tod stützen wir uns hauptsächlich auf die Lehren der *Upanishaden*. Diese *Upanishaden*, die den *Vedanta* (wörtlich: Ende der Veden) bilden, enthalten eine Reihe von in metaphysische Spekulationen eingestreuten Darlegungen, die wir hier zusammenfassen wollen. Diese Synthese wurde bereits in einigen speziellen Studien geleistet und unser Anliegen in der vorliegenden Schrift ist es nicht, diese in ihrer ganzen Komplexität zu wiederholen, sondern eine Darstellung im Rahmen unseres Themas zu geben. Aus diesem Grunde wurde so weit wie möglich auf Fachtermini sowie auf allzu spezifische Gedankengänge der indischen Tradition verzichtet. Die Aufmerksamkeit gilt ausschließlich den großen Gesetzen, die das Leben nach dem Tode bestimmen.

Die Zitate, auf die sich diese Arbeit stützt, stammen hauptsächlich aus der Chândogya-Upanishad (Ch. Up.), der Brihad-Âranyaka-Upanishad (Br. Â. Up.), der Kaushîtaki-Upanishad (K. Up.) sowie aus der Bhagavadgîtâ (B. G.).

Der Augenblick des Todes: die Sammlung der Hauche

Im Hinduismus gibt es eine feste Unterscheidung zwischen der universellen Seele (Âtman, das Selbst) und der individuellen Seele (Jivâtman, das Ich), die nur eine Modifikation des Selbst unter der Einwirkung der Daseinsbedingungen ist. Hier ist daher nur vom Jivâtman die Rede, da nur er eine Geschichte nach dem Tod hat. Er soll mit dem Begriff »Seele« bezeichnet werden, wiewohl ihm das Selbst immer innewohnt und nur durch eine Täuschung von ihm unterschieden wird (Maitrâyani-Upanishad, III. 1 und 2).

Wenn der Mensch durch Alter oder Krankheit geschwächt wird und verfällt, versammeln sich alle Hauche oder Lebensfunktionen um ihn, wie sich die Würdenträger und die Untertanen um einen König versammeln, der zur Reise aufbricht (Br. Â. Up. VI.III. 37 und 38). Alle diese Wesen, alle diese Begierden versammeln sich im Herzen (Lotos) wie in einer Festung und entgehen der Vernichtung (Ch. Up. VIII. 14 und 5). Wenn der Tod eintritt, löst sich das Wort im inneren oder geistigen Sinn (Manas) auf, das Geistige im Atem (Prâna), der Atem im feurigen Zustand der Seele (Tejas) und Letzterer schließlich in der Gottheit (Ch. Up. VI.VIII. 6 und 15). Es wird übereinstimmend gesagt, dass sich mit dem Wort alle Fähigkeiten des Handelns und Empfindens im Geistigen (Manas) auflösen, das heißt mit den Lebenshauchen die Gesamtheit der niedrigeren Seelenfunktionen, die an die körperliche Hülle gebunden sind.

Wenn alle Energien im Herzen versammelt und vereinigt sind, unterscheidet der Sterbende die Daseinsformen nicht mehr, ist seiner Sinne nicht mehr mächtig, spricht nicht, denkt nicht, erkennt nicht. Dann erglänzt die Spitze des Herzens und bei diesem Glanz zieht die Seele aus dem Auge oder dem Kopf oder den anderen Körperteilen hinaus und beginnt die Wanderung (Br. Â. Up. VI.IV. l und 2). Es gibt 101 Strahlen oder feine Gefäße (Nadis), die vom Herzen ausgehen. Ein Einziges geht zum Kopf und führt von dort aus zur Unsterblichkeit.

Dies ist die Pforte der Welt, die den Weisen vorbehalten und den Nichtwissenden verschlossen ist. Über die übrigen Strahlen führt der Weg in alle Richtungen (Ch. Up. VIII.VI. 5 und 6). Wenn die Seele schließlich ihren Körper verlässt, folgen ihr ihr Bewusstsein, ihre Handlungen (Karma) und ihre früheren Erfahrungen (Br. Â. Up. VI.VI. 2). Die letzteren Elemente sind von wesentlicher Bedeutung, weil sie die Qualität der Seele und ihren weiteren Weg nach dem Tod bestimmen.

Die Mondsphäre und die Wege nach dem Tod

Außer im Falle der sofortigen Erlösung (Videhamukti, auf den wir noch zurückkommen werden), steigt jede Seele, die den Körper verlässt, zum Mond auf, der als die Pforte des Himmels betrachtet wird. Der Mond hat die Rolle einer Pforte, eines Wächters und Richters. Wenn die Seele vor dem Mond erscheint, befragt dieser sie nach ihren Eigenschaften und die Seele antwortet nach ihrer Natur, wobei sie sich entweder für den Kreislauf der Geburten und Wiedergeburten entscheidet oder im Bewusstsein ihrer Göttlichkeit, die sie erkannt hat, den Weg der Unsterblichkeit wählt (K. Up. I. 2).

Dies sind die beiden möglichen Wege für die verstorbenen Seelen: der Weg der Väter oder Ahnen (Pitriyâna) und der Weg der Götter (Dêvayâna). Auf diesen beiden Wegen befindet sich alles, was sich hienieden zwischen Vater und Mutter (dem Himmel und der Erde) bewegt (Br. Â. Up. VI.II. 2). Der Weg der Ahnen ist der »dunkle« Weg, der Weg der Götter der »helle« (B. G. VIII. 26). Der erste Weg ist der Weg der gewöhnlichen Menschen, der »Hausherren«, die sich auf rituelle Praktiken beschränkten, ohne über die Welt der Formen hinauszugelangen, während der letzte der Weg der Weisen ist, die über die Grenzen der menschlichen Individualität hinausgelangt sind. Nur diese werden von einem Wesen, das nicht mehr menschlich ist, auf den Weg der Götter geführt und sie verlassen den Bereich des Mondes (Ch. Up. IV. X. l bis 3).

Das Erscheinen der Seele vor dem Mond ist wiederum eine Art Gericht: Wer den Weg der Ahnen beschreitet, bittet den Mond, dass er in den Samen eines Vaters versetzt und einer Mutter eingegossen werde (Weg der Wiedergeburten), während sich derjenige, der zur Unsterblichkeit strebt, mit dem Mond identifiziert, der ihn auf dem Weg der Götter gehen lässt. Auf die Frage »Wer bist du?« antwortet er: »Ich bin du.« (K. Up. I. 2). Diese Identifikation der Seele mit dem Mond zeigt, dass sie dessen Macht erlangt und daher über ihn hinausgelangen kann. In diesem Sinne muss man die Macht der individuellen Formen verstehen. In der *Pistis Sophia* hat die Lichtjungfrau eine ähnliche Rolle und dieser Prozess des Passierens tritt hier immer wieder auf, wie auch im *Ägyptischen Totenbuch.*

Alle Wesen, die den Weg der Ahnen (Pitriyâna) beschreiten, bleiben den zyklischen Gesetzen des individuellen Werdens unterworfen, nachdem sie mehr oder weniger lange im Bereich des Mondes geblieben sind. An dieser Stelle unserer Darlegungen muss auf einige scheinbare Widersprüche in den Upanishaden hingewiesen werden, die auf eine Ungenauigkeit im Gebrauch der Begriffe zurückzuführen sind. Dieses Problem musste durch mündliche Erklärungen behoben werden. In der K. Up. (I. 2) heißt es, dass alle Wesen entweder den Weg der Wiedergeburten oder den Weg der Unsterblichen beschreiten; die Br. Â. Up. (VI.II. 2) bestätigt dies, doch wird später (VI.II. 16) in Übereinstimmung mit der Ch. Up. (V.VIII. 10) hinzugefügt, dass viele »kleine Wesen« weder den einen noch den anderen dieser beiden Wege beschreiten. Diese erhalten sofort den Befehl: »Werde und stirb!«, und sie kommen und gehen unaufhörlich. In der Katha-Upanishad wird zwischen Wesen unterschieden, die in einen neuen Mutterschoß eingehen (Pirtriyâna), und solchen, die in eine träge Masse übergehen (V. 7). Letztere können mit den »kleinen Wesen« gleichgesetzt werden, die nicht zwei Wegen folgen. Nach der Definition Shankarâs sind dies diejenigen Wesen, die weder nach Erkenntnis streben noch rituelle Praktiken anwenden, um sich für das Leben nach dem Tod abzusichern.

Diese Ambiguität der Lehre löst sich relativ leicht auf. Allgemein gesprochen befasst sich die hinduistische Lehre nur mit dem nachtodlichen Schicksal von

Menschen, die dem Kastensystem eingegliedert, also Hindus sind, wie dies auch bei vielen anderen Traditionen der Fall ist, und lässt Menschen außerhalb der Kasten, die nicht in das Kollektiv integriert sind, unberücksichtigt. Bei Letzteren kann, sofern sie sich nicht einem anderen religiösen Konzept anschließen (Islam, Buddhismus usw.), von keinem Leben nach dem Tode im engeren Sinne die Rede sein, abgesehen von psychischen Elementen, die nach dem Tode natürlicherweise zerfallen (wie die körperlichen Elemente) und in ein undifferenzierteres Milieu übergehen, in dem aus ihnen schließlich neue individuelle Aggregate geformt werden. Deshalb heißt es, dass sie zu »Würmern oder Insekten« (Br. Â. Up. VI.I. 16) werden, womit symbolisch die Bedeutungslosigkeit solcher Wiedergeburten ausgedrückt wird. Dieser Zerfall der psychischen Elemente nach dem Tod könnte der Tatsache zuzuschreiben sein, dass keine kulturelle Tradition ihren Zusammenhalt während des Daseins behauptet hat. Das psychische Wesen, das im Augenblick des Todes seiner Bindungen und Strukturen beraubt wird und plötzlich seinen Daseinsgrund verliert, zerfällt rasch, wodurch der gefürchtete »zweite Tod« eintritt. Dies ist ein sehr wichtiger Punkt, auf den wir bei unserer Synthese noch zurückkommen werden.

Der Weg der Väter oder der Ahnen

Jeder Hindu muss also normalerweise nach dem Tode den Weg der Ahnen beschreiten, wenn ihm derjenige der Götter verwehrt ist. Wenn die Seele den Körper verlässt und ihr Bewusstsein, ihre Taten (Karma) und die Eindrücke ihres Daseins mit sich nimmt, »geht sie in den Rauch ein, aus dem Rauch in die Nacht, aus der Nacht in die dunkle Hälfte des Monats, aus der dunklen Hälfte des Monats in die sechs Monate, während denen die Sonne südwärts geht«. Von dort aus gelangt sie in die Welt der Ahnen. Im Mondhimmel angelangt nimmt sie dort ihren Aufenthalt, und von da an ist sie die »Speise der Götter« (Ch. Up. 3 und 4; Br. Â. Up. VI.II. 16). Diesen symbolischen Ausdruck muss man so verstehen, dass die Früchte der auf Erden verrichteten rituellen Werke die demiurgischen Kräfte des Menschen, die den Aufenthalt nach dem Tode »organisieren«, nähren und erhalten.

Während zunächst das Bewusstsein je nach dem Grad seiner Entwicklung bestimmte, welcher Weg beschritten wurde, bestimmen jetzt die Handlungen (Karma) das Dasein in der Mondwelt, und zwar dessen Dauer wie dessen Art. In der hinduistischen Lehre wird dreierlei Karma unterschieden, das hier kurz in Erinnerung gerufen werden soll: Das *Karma San-*

chita bezeichnet die in früheren Leben angesammelten Taten, deren Wirkungen unsere gegenwärtige Situation verursacht und geprägt haben; das *Karma Prarabdha* bezeichnet im gegenwärtigen Dasein begonnene Taten, die eine Folge der angesammelten Taten sind und in diesem Dasein abgearbeitet werden müssen und das *Karma Âgami* schließlich bezeichnet die künftigen Taten, die aus unseren gegenwärtigen Handlungen und im Wege der Kausalität auch aus den vergangenen Handlungen hervorgehen. Wenn die Seele also in die Mondsphäre eingeht, trägt sie alle Folgen ihrer früheren Handlungen mit sich, das heißt ihr künftiges Tun, und dieses wird mit den Eindrücken des vergangenen Lebens das Leben nach dem Tod prägen. Es manifestiert sich in Form der Wirkung (Apurva) und wird zur Speise der Götter.

Wenn das Karma im Einklang mit der kosmischen Ordnung (Dharma) war, wird es gute und angenehme Folgen haben und der Seele werden alle Freuden offenstehen, die sie sich durch ihre Werke verdient hat. In der Ch. Up. sind neun Welten aufgezählt, die auf diesem Wege zugänglich sind: die Welt der Väter, der Mütter, der Brüder, der Schwestern, der Freunde, diejenige der Wohlgerüche und Kränze, diejenige der Speise und des Trankes, diejenige des Gesanges und der Musik und diejenigen der Frauen (VIII.II). Wie man sieht, ist dieses Leben die Abspiegelung des Erdenlebens und scheint aus nichts anderem als dem passiven Genuss der Freuden zu bestehen, die nach Maßgabe der individuellen Existenz gewährt werden.

Wenn aber das Karma schwer gegen die kosmische Ordnung verstößt, sind die Wirkungen schlimm und unangenehm und die Seele wird den verschiedensten Leiden unterworfen. Die Upanishaden setzen sich hiermit nicht auseinander und sie befassen sich überhaupt kaum mit dem Aufenthalt in der Welt der Ahnen, denn ihre Lehren richten sich hauptsächlich an diejenigen, die nach der Befreiung streben.

In den Puranas dagegen ist hiervon ausführlich die Rede. Es muss hierbei daran erinnert werden, dass diese Höllen kastenzugehörigen Hindus vorbehalten sind, da ja nur sie gegen Regeln verstoßen können, die ihnen gegeben wurden und die sie angenommen haben. Im Reich Yamas (des Todes) gibt es mit Exkrementen, mit Blut und Feuer gefüllte Gräben und alle nur erdenklichen ekelerregenden Dinge. Dort hinein werden die Sünder geworfen und von den Knechten Yamas gequält. In einem gewissen Sinne kann man sagen, dass das Karma hier zur Speise der Dämonen wird. Die Vorstellung der Hölle scheint sich mit den semitischen Traditionen zu decken, die wir bereits behandelt haben. Die Sünden bestehen in schweren

Verfehlungen gegen die Pflichten der Kaste, die rituellen Vorschriften oder einfach gegenüber dem Nächsten. Nach einer langen und angemessenen Höllenstrafe folgt eine Wiedergeburt unter ungünstigeren Umständen in einem menschlichen oder in einem niedrigeren Gewand.

Natürlich ist es von wenigen Ausnahmen abgesehen kaum vorstellbar, dass jemand ein völlig positives oder völlig negatives Karma auf sich lädt, und vermutlich gibt es im Limbus verschiedene Abstufungen. Dies führt uns zu der Annahme, dass das Reich Yamas nichts anderes ist als die dunkle Seite der Mondsphäre, die denjenigen vorbehalten ist, die in die kollektive Ordnung integriert waren und schwer gegen diese verstoßen haben.

So wie hienieden der Lohn (oder die Strafen) für die Taten erschöpft werden, so wird im Jenseits der Lohn (oder die Strafen) für die guten bzw. schlechten Werke erschöpft (Ch. Up. VIII.I. 6). Wie wir gesagt haben, nähren sich die Götter (oder die Dämonen) von den Früchten der Werke, während die Seele ihnen nicht gleich wird und nicht ihre Macht erlangt, das heißt, sie bleibt individuell und den Prinzipien der Begierde, der Anziehung und Abstoßung unterworfen, deren Herren diese sind. Das Karma wird aber nicht völlig aufgezehrt; es bleibt stets ein Rest, der der Kern des Antriebs zur Wiederverkörperung ist und das neue Dasein prägt.

Dieser Antrieb kann im gewöhnlichen Dasein mit dem Trieb eines Vaters verglichen werden, Nachkommenschaft zu haben, dem Trieb, sich fortzupflanzen und sich in gewisser Weise in seinen Kindern »wiederzuverkörpern«, damit diese vollbringen, was er selbst nicht vollbringen konnte, womit er sich im Dasein erhält, weil er sich nicht davon befreien kann. Es heißt, dass man die Welt der Menschen durch Nachkommenschaft erobert und die Welt der Ahnen durch rituelle Handlungen erlangt; die Welt der Götter erlangt man nur durch Erkenntnis (Br. Â. Up. I.V. 16).

Es gibt in Indien Übertragungsriten vom Vater auf den Sohn, die in diesem Zusammenhang sehr bedeutsam sind: Wenn der Vater im Sterben liegt, legt sich der Sohn auf ihn oder er setzt sich einfach vor ihn und empfängt rituell dessen Stimme, Atem, Blick, Gehör, Geschmack, Handlungen, Freuden und Leiden, dessen Lust, dessen Liebe und Zeugungskraft, seine Schritte, sein Bewusstsein, seinen Geist. Der Vater nimmt seinen Atem zusammen und überträgt ihn auf seinen Sohn. Wenn er aber unerwartet die Gesundheit wiedererlangt, muss er von da an unter der Gewalt des Sohnes leben oder Asket werden (K. Up. II. 15).

Diese Analogie zum Phänomen der Fortpflanzung gibt uns einen Hinweis darauf, worin genau die Seelenwanderung besteht. Wie der Sohn Erbe der leiblich-seelischen Verfassung seines Vaters ist (durch Wesensart, Vererbung, Erziehung usw.), so ist die Seele, die in das Dasein zurückkehrt, die unmittelbare Erbin des Daseins, das sie verlassen hat. Weiter geht jedoch die Übertragung nicht: Die wandernde Seele (Jivâtman) hat nach ihrem Aufenthalt im Limbus ihren Namen und ihre Gestalt verloren. Sie ist eins mit der höchsten und unbedingten Seele (Âtman) und sie unterscheidet sich von ihr nur dadurch, dass sie in das Restkarma eingehüllt ist. Dieses führt sie unter der Gestalt der Wirkung (Apurva) in neue beschränkte Zustände, die durch das vorherige Dasein ausgelöst wurden. Man kann dabei von keiner Wanderung eines Bewusstseins oder eines erworbenen Wissens sprechen, weil die Seele (der mit dem Âtman wiedervereinte Jivâtman) reines Bewusstsein, reines Sein ist. Insofern aber der neue Daseinszustand von Vorfahren vererbt ist, könnte man sagen, dass das »Nichtwissen wandert«, indem es neue Hüllen schafft, die das reine Bewusstsein der Seele verschleiern und sie so daran hindern, mit der universellen Seele zu verschmelzen. Deshalb kann man nicht sagen, dass dieser oder jener Mensch in einem früheren Dasein diese oder jene individuelle Gestalt hatte, wie man auch nicht sagen kann, dass der Sohn der Vater war, obwohl ein unbestreitbarer kausaler Zusammenhang besteht.

Wenn das angesammelte Gut und Böse erschöpft sind, kann das Restkarma, das die Seele zu einer neuen Geburt »befördert«, nicht mehr aus einer moralischen Sicht beurteilt werden, denn das neue Dasein hat nichts mit einer Strafe oder Belohnung zu tun. Es ist die nach Befriedigung strebende Begierde, die Anziehung und Abstoßung nach sich zieht, die im Augenblick des Todes das Gute und das Böse hervorruft, und sie ist es, die wandert oder die Seelenwanderung bewirkt (B. G. IX. 21). Die letztlich durch Unkenntnis bedingte Begierde legt die neuen Daseinsbedingungen fest, die nur die Fortsetzung der früheren Neigungen sind und die sich bessern, sich verschlechtern oder gleich bleiben können.

Die zu einem neuen Dasein bestimmte Seele verlässt also die Mondwelt, kehrt in den Raum zurück, aus dem Raum in die Luft, aus der Luft in den Regen, der auf die Erde fällt, geht in die Pflanzen ein, die zu Nahrung werden, dann in den Mann und schließlich in den Samen, der in die Frau eingeht (Br. Â. Up. VI.II. 15). Diese Geburt ist aber nicht unbedingt eine Geburt in menschlicher Gestalt: Die Seele kann als Wurm, Insekt, Fisch,

Vogel, Tiger, Löwe, Wildschwein, Rhinozeros, Mensch oder Sonstiges geboren werden; dies hängt von ihren (früheren) Handlungen und ihrem Wissen (oder ihrer Unkenntnis) ab (K. Up. I. 2). Diejenigen, die einen guten Lebenswandel geführt haben, haben die Aussicht, eine gute Wiedergeburt als Brahmane, Kshatriya oder Vaishya (höhere Kasten) zu erlangen; diejenigen aber, die einen anrüchigen Lebenswandel geführt haben, haben die Aussicht, dass sie eine anrüchige Wiedergeburt erlangen als Hund, Schwein oder Cândâla (Ch. Up. V.X. 7). Natürlich muss man alle diese Möglichkeiten symbolisch verstehen (wie wir schon bei den platonischen Mythen gesehen haben) in dem Sinn, als sie vor allen Dingen individuelle Seinsformen bezeichnen.

Die letztere Bemerkung gilt auch für die gesamte Symbolik, die in dem Zyklus von Tod und Wiedergeburt auftritt (Regen, Nahrung, Rauch, Pflanzen usw.). So bezeichnet die Mondsphäre nicht den physischen Himmelskörper (wiewohl dessen Einfluss auf Fortpflanzungsvorgänge bekannt ist), sondern den feinstofflichen und unbestimmten Bereich, in dem sich die individuellen Formen auflösen und in dem die Keime noch nicht entwickelter Formen wiedergeboren werden. Jedenfalls lässt sich dieser psychische Bereich keinem physischen Raum zuordnen, weil er nicht derselben Manifestationsebene angehört.

Der Weg der Götter und die Befreiung

Der Mensch, der sich nicht nur mit rituellen Handlungen begnügt hat, der sich mit dem Opfer identifiziert und verstanden hat, dass in ihm selbst das Universum und die Götter wohnen, beschreitet nicht den Weg der Ahnen, sondern denjenigen der Götter (Devayâna), der ohne Wiederkehr ist und ihn aus dem Kreislauf der Wiedergeburten erlöst.

Bei seinem Tod geht die Seele dieses Menschen – ob mit oder ohne Bestattungsfeier – »direkt in die Flamme ein, aus der Flamme in den Tag, aus dem Tag in die lichte Hälfte des Monats, aus der lichten Hälfte des Monats in die sechs Monate, während denen die Sonne nordwärts geht, aus der Sonne in das Blitzfeuer«. Dort wird ein geistiges Wesen zu seinem Führer (das Selbst) und bringt ihn dann in die Welt des Brahma, des Urgrunds aller Manifestationen (Br. Â. Up. VI.II. 15, Ch. Up. IV.XV. 5 und 6, V.X. l und 2).

In der Welt der Götter gibt es eine Reihe von Abstufungen, die höheren und überindividuellen Daseinsformen des Menschen entsprechen und deren Zahl in den verschiedenen Texten unterschiedlich angegeben ist. Die Stufen unterscheiden sich durch den Grad der Seligkeit, der in ihnen herrscht. So findet man in der Br. Â. Up. die Welt der Gandharven (mittlere Himmelsgeister zwischen den Manen und den Göttern, deren Aufgabe es ist, Soma zu pressen, den Trunk der Götter), die Welt der Götter (die diese Würde durch ihre Verdienste erworben haben), die Welt der ursprünglichen Götter (die Herren der Elemente und der Begierden), die Welt Prajâpatis (des Herrn des Daseins und der erzeugten Wesen) und die Welt Brahmas (des absoluten Untergrunds der Manifestation) (IV.III. 33 und IV.IV. 4).

In genau derselben Reihenfolge gibt die K. Up. ausführlichere Einzelheiten über die Entwicklung nach dem Tod im Reich der Götter. Die Seele wird dort zuerst von den Apsaras empfangen (Nymphen, die die überindividuellen Fähigkeiten des Menschen symbolisieren). Sie begegnet den indischen Parzen Manasi und Caksusi, die aus Blumen die Welt weben, gelangt in die Reiche Agnis (Herr des Feuers), Vayus (Herr der Luft), Varunas (Herr des Wassers), Indras (Herr des Äthers, des undifferenzierten Urelements) und Prajâptis (Herr des Daseins). Im Laufe ihrer Reise überquert die Seele den See Ara durch das Denken und in diesem See ertrinken ihre zustimmenden und ablehnenden Empfindungen. Sie gelangt zu den Yeshtiha genannten Stunden, die vor ihr fliehen und sie von der zeitlichen Aufeinanderfolge befreien. Sie überquert den Strom Vijarâ und wirft dort alle guten und bösen Taten von sich, alles Karma. Verwandte, die sie liebt, nehmen die guten Taten auf sich, diejenigen, die sie nicht schätzt, die bösen; keine Folgen des Daseins erreichen sie mehr. Befreit von Gut und Böse gelangt sie schließlich zum Palast Brahmas, des absoluten Wesens, der von zwei Torhütern bewacht wird, Indra und Prajâpati. Diese repräsentieren hier die Prinzipien des Daseins und des Urzustandes. Schließlich gelangt sie in das Innere des Palastes Brahmas, wo sie verkündet, dass sie die Seele jeglichen Wesens ist. Wie jener macht sie sich eins mit dem Universum, erobert sie alle Welten; sie wird zu Brahma, der einen Wirklichkeit (K. Up. I. 3 bis 7).

> *»Die sich Göttern und Vätern weihn, gehen zu Göttern und Vätern hin, Geisterdiener zu den Geistern; wer mich verehrt, der kommt zu mir.« (B. G. IX. 25)*

In dieser Passage der Bhagavadgîtâ sind die Möglichkeiten nachtodlicher Zustände, wie sie der Hinduismus begreift, bündig zusammengefasst. Wir haben hier wiederum den Weg der Götter (Devayâna), den Weg der Ahnen (Pitriyâna) und den Weg der kleinen Wesen, die sofort wieder in die Elemente zurückkehren, wobei hier ein wichtiger Aspekt auftritt, der den ganzen Sinn des Daseins nach dem Tod erhellt: Die Seele wird immer mehr eins mit dem Objekt ihrer Begierde und ihrer Verehrung und zu diesem gelangt sie nach dem Tod. Damit zeigt sich ein vierter Weg für diejenigen, die sich ganz der einen Wirklichkeit zugewandt haben, dem Brahman.

An dieser Stelle ist ein Hinweis auf eine grundlegende Unterscheidung bezüglich der Brahman-Natur notwendig, durch die zwei verschiedene Etappen im Prozess der Befreiung entstehen. Das absolute Wesen, mit dem sich die Seele am Ende des Devayâna eint, wird allgemein Brahman Saguna (mit Eigenschaften) genannt; dies ist das Selbst (Âtman), jedoch als absolutes Prinzip der Manifestation betrachtet, das sich manifestiert und sich bezüglich dieser Manifestation qualifiziert. Aus diesem Grund heißt es das »Nichthöchste«. Jenseits davon gibt es einen völlig bedingungslosen Zustand, der der Stufe des Nichtseins entspricht und der keinerlei Beziehung zur Manifestation unterhält; er ist nichts als der Ursprung des absoluten Wesens. Dies ist das Brahman Nirguna (ohne Eigenschaften), das auch das »Höchste« genannt wird, Paramâtman oder Parabrahman. Natürlich bestehen diese beiden Zustände untrennbar nebeneinander, doch findet die Erlösung erst in Letzterem ihren Abschluss. In der christlichen Ontologie findet diese Unterscheidung ihren Ausdruck in den Personen des

Vaters und des Sohnes oder Gottes und seines Wortes, was auch die Worte Christi erklärt: »Niemand kommt zum Vater als durch mich« und »Niemand ist hinaufgestiegen in den Himmel als der aus dem Himmel Herabgestiegene, der Menschensohn.« Der höchste Zustand (Nichtsein) ist also nur demjenigen zugänglich, der sich mit dem reinen Sein (nichthöchster Zustand) geeint hat, der letzten Stufe vor der endgültigen Auslöschung in der göttlichen Unendlichkeit.

Wie wir gesehen haben, vollzieht sich die Befreiung von den formlosen und überindividuellen Zuständen (im Devayâna) in Stufen, doch haben diese Stufen keine zeitliche Aufeinanderfolge mehr, wie sie für den förmlichen und individuellen Zustand typisch sind, und sie unterliegen keiner Zeitdauer mehr. Von dieser Befreiung in Etappen (Kramamukti) gibt es keine Wiederkehr und sie folgt unausweichlich einem Prozess einer fortschreitenden Bewusstseinserweiterung nach dem Verzicht auf jede Bedingtheit. In der Welt der Götter kann man daher weder von einer Zukunft noch von einer Vergangenheit sprechen; daraus folgt, dass die stufenweise Befreiung nicht mehr chronologisch, sondern nur logisch und zwangsläufig erfolgt, und deshalb erlangen diejenigen, die den Weg des Devayâna beschreiten, unvermeidlich die endgültige Erlösung durch Zustände, die nicht mehr aufeinanderfolgen, sondern gleichzeitig ablaufen.

Dadurch kann man verstehen, wie sich die Befreiung in den außergewöhnlichen Fällen, in denen ein Mensch schon während seines Daseins die vollkommene Erkenntnis des Brahman erlangt hat, unmittelbar vollziehen kann (Videhamukti), ohne dass der Weg der Ahnen oder derjenige der Götter beschritten werden muss. Dies ist nun der vierte Weg, von dem in der Bhagavadgîtâ die Rede ist und der denjenigen offensteht, die den bedingungslosen Zustand erfahren und alle »idealen« Möglichkeiten des Seins (Götter, Ideen oder göttliche Attribute) durchlebt haben, die nicht mehr der Unterscheidung zwischen Ich und Selbst (Nicht-Dualität) und damit auch nicht den zeugenden Begierden des Karmas unterworfen sind. In diesem Fall geschieht die Erlösung sofort und gleichzeitig mit dem Tod.

In der hinduistischen Lehre gibt es auch den Fall derjenigen, die den höchsten und bedingungslosen Zustand bereits vor dem Tod verwirklicht haben. Diese werden »zu Lebzeiten Erlöste« (Jivan-mukti) genannt und bei ihnen wird die endgültige Erlösung nur durch das *Karma Prarabdha*, das das derzeitige Dasein bewirkt hat, verhindert, solange dieses Dasein noch nicht erschöpft ist.

Nach der Bhagavadgîtâ sind die von Geistesdunkel (Tamas) eingehüllten Menschen von Nachlässigkeit, Faulheit und Schlaf gefesselt und werden nach dem Tode im Schoße von Wesen geboren, die keine Erkenntnis haben. Diejenigen, die sich der Begierde und dem Handeln (Rajas) hingeben, hängen den Früchten ihrer Werke an und werden in der Welt des Handelns (Pitriyâna) wiedergeboren. Wer sich dem Erkenntnisstreben (Sattwa) hingibt, verpflichtet sich der Güte und der Reinheit und gelangt in die fleckenlosen Welten derjenigen, die die höchsten Prinzipien erkannt haben (Devayâna). Aber nur diejenigen, die von keiner dieser drei Bestrebungen (Gunas) beeinflusst sind und die unerschütterlich über allem Erkenntnisstreben, Handeln und Nichtwissen stehen, die gleichmütig Glück und Leid, Ehre und Schmach, Freund und Feind an sich vorüberziehen lassen, gehen in das Brahman ein (B. G. XIV).

Begierde und Nicht-Zweiheit

»Der Mensch ist ein für alle Mal geboren; er wird nicht geboren; wodurch also sollte er wiedergeboren werden?« (Br. Â. Up. III.IX. 28,7)

Anhand der grundlegenden Identität der individuellen Seele (Jivâtman) und der universellen Seele (Âtman) entwickeln sich die höchsten Auffassungen der hinduistischen Metaphysik. In Wirklichkeit existiert nur das Selbst (Âtman), das die Welten manifestiert werden lässt und sich in allen Geschöpfen inkarniert. Wenn es in einem Körper geboren wird, befrachtet es sich mit Übeln; wenn es stirbt, entweicht es und entledigt sich der Übel. Es hat drei Standorte: den Zustand des Wachens, denjenigen des Traums und denjenigen des Tiefschlafs, die der Welt der Menschen, derjenigen der Ahnen und derjenigen der Götter entsprechen. Die Nacht ist mit dem Tod zu vergleichen. Wenn es träumt, bemächtigt es sich der Elemente des Wachzustands und baut und zerstört nach Belieben. Dort existiert nichts; es schafft selbst alle Bilder, verleiht sich verschiedene Gestalten, einmal göttliche, dann wieder schreckliche. Wie ein Vogel zieht es überallhin, wo es ihm gefällt, unsterblich, vom Wachen zum Traum, vom Traum zum Wachen gehend, und auf demselben Weg kehrt es wieder zurück, ohne dass es jemand wahrnehmen könnte. Von allem Guten und Bösen, das es auf seinem Weg erblickt, folgt ihm nichts, denn es hängt an nichts. Schließlich faltet es vom Umherfliegen ermüdet die Flügel zusammen und begibt sich in sein Nest. Dort empfindet es keinen Wunsch mehr und sieht kein Traumgesicht mehr. Wenn es sagt: Ich bin dieses Universum, ich bin alles, dann ist dies für es die höchste Welt. Es ist für es ein Zustand, der über alle Begierde hinausgeht, der von allem Bösen abgelöst ist, der von aller Furcht frei ist. Wie ein Mann in den Armen einer geliebten Frau hat es kein Bewusstsein mehr von draußen oder drinnen. Nur noch in ihm gibt es Wünsche.

Wer das Selbst erlangt hat, hat teil am höchsten Glück. Die übrigen Menschen leben nur von einem Bruchstück dieses Glücks (Br. Â. Up. V.III).

Die gesamte Lehre des *Vedanta* kreist um jene zentrale Vorstellung, die man unter dem Begriff der »Nicht-Zweiheit« (Advaïta) zusammenfassen kann. Wer das höchste Bewusstsein erlangt und diese Einheit des Seins ergriffen hat, wer sich mit dem einen Handelnden vereint hat, der unaufhörlich die Welten aufbaut und zerstört, lässt die Zyklen des Tages und der Nacht, des Lebens und des Todes, der Zeitalter und der kosmischen Nächte ablaufen.

»Man wird, was man ist, nach seinen Handlungen und seinem Betragen.« Der Mensch der Begierde geht kraft des Karmas dahin, wo sich sein Geist angeheftet hat. Wer sich von der Begierde befreit hat, wer nur nach dem Selbst strebt, erlangt das Selbst. »Auch wenn er den dunklen Komplexitäten des Körpers verhaftet ist, wird er zum Schöpfer, zum Urheber des Ganzen. Die Welt gehört ihm, er ist die Welt selbst ... es gibt keine Vielheit. Der eilt von Tod zu Tod, der glaubt, in der Welt Vielheit zu finden.«

In der Höhle des Herzens wohnt das Selbst, der Oberherr der Welt. Es wird nicht größer durch gute Werke und nicht geringer durch schlechte. Es ist der Damm, der diese Welten trennt, damit sie sich nicht vermischen (Br. Â. Up. IV.IV)

In Wirklichkeit ist das Selbst nur Begierde; alle Begierden haben ihre Wirklichkeit im Selbst. Die Täuschung ist es, die diese Wirklichkeit verdeckt, die Wünsche zerstreut und sie auf äußere Objekte lenkt. Wer in sein eigenes Herz absteigt, in die Burg des Selbst, entdeckt die höchste Begierde. Die übrigen Geschöpfe gehen immer wieder an diesem Schatz vorbei, ohne ihn jemals zu finden (Ch. Up. VIII.III. l und 2).

Wenn sich das Denken des Menschen auf das Selbst richtet, wie es sich gewöhnlich auf äußere Objekte richtet, dann werden alle Fesseln gesprengt, dann werden alle guten und bösen Taten zunichte.

»Mit Sorgfalt soll er den Geist – denn der ist dem Kreislauf der Wiedergeburten untertan – läutern. Wie eines Geist ist, so ist er selbst: Das ist ein altes Geheimnis.« (Maitrâny-Upanishad VI. 34)

Das Totenbuch der Tibeter – Bardo Thödol

Grundlage des *Bardo Thödol* (wörtlich: Befreiung durch Hören im Zwischenreich) sind die Lehren des Mahayana-Buddhismus (»Großes Fahrzeug«, nördlicher Buddhismus). Von allen traditionellen Texten, die sich mit dem Leben nach dem Tod befassen, hat dieser den großen Vorzug, die Gesamtheit der Zustände, die der Verstorbene im Zwischenzustand erlebt, methodisch und ausführlich in einer symbolischen und zugleich spekulativen Weise darzulegen. Dies erleichtert uns die Synthese ungemein und unsere Aufgabe beschränkt sich daher auf eine Zusammenfassung des Textes, begleitet von Kurzkommentaren. Wie schon in den vorangegangenen Betrachtungen wird auf spezifische Erläuterungen zum Buddhismus und Lamaismus verzichtet und werden nur die Grundzüge der Lehre berücksichtigt.

Vorbemerkungen

Dem *Bardo Thödol* zufolge erlangen die höchsten Geister die Befreiung schon zu Lebzeiten oder spätestens zum Zeitpunkt ihres Todes. Die gewöhnlichen Adepten, denen es nicht gelang, die unmittelbare Befreiung zu erlangen, müssen aufmerksam die Symptome ihres Todes beobachten und, wenn diese vollständig zutage getreten sind, das ihnen gelehrte Verfahren anwenden, falls sie sich daran erinnern können. Wenn dies nicht der Fall ist, muss das *Bardo Thödol* deutlich in der Nähe des Leichnams gelesen werden; wenn der Leichnam nicht vorhanden ist, muss der Lesende dessen Platz einnehmen. Er ruft dann den Verstorbenen, vergegenwärtigt sich ihn und beginnt zu lesen. Die Eltern des Verstorbenen müssen schweigen und der Körper darf nicht berührt werden (73–75).

Chikhai Bardo – der Augenblick des Todes

In dem Augenblick, in dem die Atmung aufhört oder sich der Lebensodem in das Herz zurückzieht, macht das Bewusstsein die unmittelbare Erfahrung des hellen Urlichts. Durch diesen äußersten Glanz werden alle Dinge »wie der leere und wolkenlose Himmel; der Geist, nackt und aufgabenlos, ist wie eine durchscheinende Leere ohne Umfang und Mittelpunkt« (77). Dieser bedingungslose Zustand der absoluten Leere, genannt Dharmakâya (Körper des

Gesetzes) ist der Zustand der Urweisheit; jedes Lebewesen erlebt ihn unmittelbar nach dem Tod (78). Bei Menschen, die ein böses Leben geführt haben oder deren subtile Zentren aus dem Gleichgewicht sind, dauert er nicht länger als ein Fingerschnippen. Bei anderen kann er den Zeitraum einer Mahlzeit (etwa dreißig Minuten) umfassen (79). Wenn der Verstorbene fähig ist, die Symptome des Todes zu erkennen, wird ihn dieser plötzliche Glanz nicht überraschen. Wenn er im bedingungslosen Zustand bleiben kann, erlangt er die unmittelbare Befreiung, und dies ist natürlich der beste Ausgang. Das Bewusstsein macht hier die Erfahrung der Leere, die nicht das Nichts ist, sondern das absolute und von allen Fesseln freie Bewusstsein. Nur der Mensch, der die wenn auch abbildhafte Vollkommenheit dieser Wirklichkeit erlangt hat, kann sich auf Dauer mit ihr verbinden (81, 82).

Wenn der erste Glanz nicht erkannt oder behalten wurde und wenn der Lebensodem, der sich in das Herz zurückgezogen hat und dieses erleuchtet, den Körper noch nicht durch den Scheitel (Öffnung des Brahman) verlassen hat, sieht der Verstorbene den »zweiten Glanz« aufleuchten, der auf den ersten folgt. Dann entweicht der Lebensodem (Prâna) in den einen oder anderen der subtilen Nerven (Nadi) und tritt durch eine der Körperöffnungen aus.

Nun tritt ein Zustand der Klarheit ein, in dem sich das jetzt wieder bedingte Bewusstsein Fragen stellt und versucht, die neue Situation zu verstehen. Der Verstorbene erkennt seine Verwandten und Freunde und er weiß nicht, ob er tot ist oder nicht (83). In diesem Zustand ist die Befreiung noch möglich und das *Bardo Thödol* unterscheidet hier zwei Arten von Adepten: diejenigen auf der Stufe der Vollkommenheit, die zum Zeitpunkt des ersten Glanzes zur Befreiung gezogen werden, und diejenigen auf der Stufe der bildlichen Vorstellung, die während des Zeitraums des zweiten Glanzes in die Befreiung gezogen werden. Die Adepten der vollkommenen Übung können die Begegnung mit dem bedingungslosen Zustand durch geringe Widerstandsfähigkeit gegenüber der Täuschung, durch einen gewaltsamen Tod, einen Fehler oder die Nichterfüllung von Verpflichtungen oder Gelübden verfehlt haben. Dieser zweite Zustand bildet nun eine Möglichkeit einer leichteren Befreiung und erlaubt eine Vorbereitung auf die höchste Gegenüberstellung. Die Adepten der bildlichen Vorstellung müssen ihren Geist auf ihre lehrende Gottheit richten und diese als Abspiegelung der höchsten Wirklichkeit benutzen. Durch die Erweckung der Einsicht kann die Befreiung in dieser Weise erlangt werden (83–85). Vermutlich handelt es sich bei diesem zweiten Stadium um eine verzögerte Befreiung, die über den Grad des reinen Seins zur Erlangung des bedingungslosen Zustands führt; dies legt die Rolle der Einsicht und der lehrenden Gottheit nahe.

In den meisten Fällen jedoch wird die Befreiung auf einer dieser beiden Stufen durch die Last der Taten (Karma) unmöglich gemacht und der Verstorbene erlebt eine Verdunkelung des Bewusstseins, die bis zum Beginn des Chönyid Bardo anhält. Erst nach dieser Bewusstlosigkeit während des Chikhai Bardo beginnt die eigentliche Reise nach dem Tod.

Chönyid Bardo – die friedlichen Gottheiten

Wenn die Befreiung nicht während des Chikhai Bardo erlangt wurde (das einigen Tantras zufolge zwischen dreieinhalb und vier Tagen dauert) (79), tritt der Verstorbene in das Chönyid Bardo ein, dessen symbolische Dauer vierzehn Tage beträgt und in dem sich die karmischen Täuschungen auflösen. Zu Beginn dieses Zeitraums findet die Bestattungsfeier statt. Der Verstorbene ist verzweifelt darüber, dass er seine Eltern und Freunde verlassen muss; es treten Geräusche und Lichterscheinungen auf, die ihn in Angst, Furcht und Verwirrung stürzen (88). Hier ist nun das weitere Vorlesen des *Bardo Thödol* eine große Hilfe für den Verstorbenen. Er wird daran erinnert, dass jede Erscheinung nach dem Tod eine Widerspiegelung seines eigenen Bewusstseins ist, dass die friedlichen und rasenden Gottheiten, die ihm begegnen werden, aus ihm selbst entstandene Gedankenformen sind, dass der Glanz, den er im Augenblick des Todes wahrnimmt, das Aufleuchten seiner eigenen wahren Natur ist und jetzt das »Geräusch der Wirklichkeit« hervorbringen wird, das wie tausend Donnerschläge widerhallen wird, dass ihm aber alle diese Dinge letztlich nichts anhaben können, denn er ist tot. Ohne dieses Wissen wird er in die Unterjochung geraten, sich ängstigen und zum Umherirren in Samsâra (Kreislauf der Wiedergeburten) verdammt sein (86–89).

Am ersten Tag des Chönyid Bardo erscheint dem Verstorbenen der Dhyâni-Buddha der Mitte, der Vairocana. Er ist von weißer Farbe, trägt das achtspeichige Rad, wird von der Mutter des Himmelsraums umarmt, sitzt auf dem Löwenthron und verkörpert den Urzustand der Elemente (Äther), der alle Formen sichtbar macht. Aus seinem Herzen geht in Gestalt eines kaum erträglichen blauen Lichts eine Weisheit hervor, die das Auge des Verstorbenen blendet. Zugleich erscheint ein mildes weißes Licht aus der Welt der Devas (Götter). Wegen seines schlechten Karmas kann den Verstorbenen der Anblick dieses blauen Lichts erschrecken und er wird sich zu dem milden Licht der Devas hingezogen fühlen. Dieser Schwäche darf er nicht nachgeben, denn das Licht des Vairocana ist das Licht der Barmherzigkeit. Das milde Licht der Devas würde ihn in den Strudel der sechs unteren Welten reißen: Devaloka, die Welt der Götter, Asuraloka, die Welt der Titanen, Naraloka, die Welt der Menschen, Trisanloka, die rohe Welt, Petraloka, die Welt der bösen Geister, Hungloka, die Höllenwelt. Der Verstorbene muss sich auf das blaue Licht des Vairocana konzentrieren. Wenn ihm dies gelingt, geht er in ihm auf und erlangt die Buddhaschaft im Samboghakâya (dem Körper der Freude oder des Ausgleichs – die spiegelgleiche oder verwandelte Weisheit) und im mittleren Reich der dichten Versammlung. Aber ein verdunkelndes Karma und insbesondere Torheit können dieser Einswerdung entgegenstehen (89–91).

An den vier darauffolgenden Tagen vollzieht sich jeweils ein ähnlicher Prozess vor dem Bewusstsein des Verstorbenen, vor dem die vier übrigen Dhyâni-Buddhas erscheinen. Wir wollen uns im Folgenden darauf beschränken, jeweils nur die Veränderungen am zweiten, dritten, vierten und fünften Tag wiederzugeben:

Dhyâni-Buddhas (die jeweils mit ihrer göttlichen Gefährtin vereint sind):

2. Vajrasattva – 3. Ratnasambhava – 4. Amitâbha – 5. Amoghasiddhi.

Attribute und Throne:

2. Blitz (Vajra) und Elefant – 3. Juwel und Pferd – 4. Lotos und Pfau – 5. Doppelvajra und Harpien.

Lichtstrahlen und Elemente:

2. Weiß (Wasser) – 3. Gelb (Erde) – 4. Rot (Feuer) – 5. Grün (Luft).

Milde Lichter, Welten:

2. Rauchgrau (Hölle) – 3. mildes Blau (Menschen) – 4. mildes Gelb (hungrige Geister) – 5. mildes Rot (eifersüchtige Götter).

Erreichte Reiche:

2. Osten, Reich der vollkommenen Freude – 3. Süden, Reich des Prächtigen – 4. Westen, Reich des Glückseligen – 5. Norden, Reich der gespeicherten Handlungen.

Karmische Hindernisse:

2. Zorn – 3. Stolz – 4. Brennende Begierde –
5. Bohrender Neid.

Jeder Dhyâni-Buddha (Aspekt der ursprünglich differenzierten Weisheit) ist mit seiner Paredra (Throngefährtin) vereinigt und jedes Paar hat hier den Namen »Vatermutter«, eine Verkörperung der Vereinigung des Prinzips mit seiner Macht (Shakti) oder seiner eigenen Weisheit; jeder der vier letzten Buddhas wird darüber hinaus von zwei Paaren von Bodhisattvas unterstützt (91–100). Ganz allgemein sind die Gottheiten des Chönyid Bardo als Paare dargestellt, womit diese höheren Stufen einen androgynen Charakter erhalten.

Wenn der Verstorbene auch am sechsten Tag nicht erkannt hat, dass das Licht der fünf Dhyâni-Buddhas aus seinem eigenen Herzen kommt, wenn es ihm nicht gelungen ist, in eines ihrer Reiche einzugehen, sieht er die sechs Lichter gleichzeitig leuchten, aber zugleich auch die milden Lichter der sechs niederen Welten. Dann erscheinen ihm gleichzeitig die fünf Dhyâni-Buddhas und ihre Throngefährtinnen (10), die acht Bodhisattva-Paare (16), die vier Hüter der Haupttore und ihre Gefährtinnen (8), die über die niederen Welten herrschenden Buddhas (6), Allguter

Vater und Allgute Mutter, die Ahnen aller Buddhas (2), insgesamt zweiundvierzig Gottheiten. Im Text heißt es, dass diese Gottheiten durch die reine Liebe des Herzens des Verstorbenen entstanden sind, dass sie von nirgendwo anders als aus ihm selbst kommen, dass sie von Ewigkeit her in den Fähigkeiten seines Geistes existieren, dass er deren Glanz ertragen und sie als die Seinigen erkennen muss, wobei jede dieser Fähigkeiten, die er während des Daseins entwickelt und vervollkommnet hat, Zugang zu einem Aspekt der Weisheit gibt.

Zugleich aber mit den göttlichen Lichtstrahlen erscheinen die Lichter der sechs niederen Welten aus den karmischen Hindernissen; wenn der Verstorbene den Glanz der reinen Lichter nicht erträgt, wird er von den milden Lichtern fortgezogen; er entfernt sich und steigt ab (100–107).

Am siebten Tag empfangen den Verstorbenen die Vidyâdharas (Wissenshalter) und zugleich öffnet sich der Weg der Welt der Tiere. Diese Gottheiten, fünf an der Zahl wie die Dhyâni-Buddhas, sind mit Dakinis (okkulten Göttinnen, die wohlwollend und übelwollend zugleich sind) vereinigt und werden von männlichen und weiblichen Kriegsleuten und den männlichen und weiblichen Beschützern des Dharma begleitet. Diese haben noch die Möglichkeit, den Verstorbenen zu erlösen, wenn dieser sie erkennt. Sie repräsentieren hier die Synthese des Wissens, das noch an die Stelle der Weisheit treten kann, und den letzten Ausweg zur Erlösung, und mit ihnen enden die Erscheinungen der friedlichen Gottheiten. Wenn sich der Verstorbene vom milden grünen Licht der Tiere anziehen lässt, in dem die Torheit herrscht, stürzt er unwiederbringlich in das Leid von Stumpfsinn, Stummheit und Sklaverei (107–111). Hier endet der erste Teil des großen Thödol (Befreiung durch Hören).

Die rasenden Gottheiten

In den sieben darauffolgenden Tagen erheben sich die achtundfünfzig »flammenden, bluttrinkenden, rasenden Gottheiten« vor dem Verstorbenen. Sie sind Umwandlungen der friedlichen Gottheiten, die durch Furcht und Faszination hervorgerufen werden. Der Blutdurst symbolisiert den Drang nach dem samsarischen (zyklischen) Dasein und zeigt, dass in diesem Stadium die Bilder von den karmischen Wirkungen genährt werden, die die Fähigkeiten des Menschen umwandeln und »rasend machen«. Weil der Geist hier seine Unabhängigkeit verliert, wird die Erkenntnis der Götter und die Einigung mit ihnen schwieriger (112).

Diese Gottheiten werden ausführlich beschrieben: Sie haben drei Gesichter, sechs Hände, vier Füße, viele Augen, entblößen die Zähne, tragen zahlreiche Attribute (Waffen, Menschenschädel), stoßen grunzende, pfeifende und wie Donner dröhnende Laute aus, sind von Flammen und Lichtstrahlen umgeben, trinken Blut und sind mit ihrer Gefährtin vereinigt. Sie erscheinen in der folgenden Reihenfolge:

Achter Tag: Buddha-Heruka, der rasende Aspekt des Vairocana.

Neunter Tag: Vajra-Heruka, der rasende Aspekt des Vajrasattva.

Zehnter Tag: Ratna-Heruka, der rasende Aspekt des Ratna-Sambhava.

Elfter Tag: Padma-Heruka, der rasende Aspekt des Amitâbha.

Zwölfter Tag: Karma-Heruka, der rasende Aspekt des Amogha-Siddhi.

Der Text weist den Verstorbenen darauf hin, dass diese rasenden Gottheiten aus seinem eigenen Gehirn aufsteigen und dass er sich nicht zu fürchten braucht. Wenn er sie als Formen seines eigenen Geistes erkennen kann, erlangt er die Buddhaschaft im Samboghakâya (116–120).

Im Gegensatz zu den friedlichen Gottheiten, deren Ausstrahlung aus dem Herzen hervorgeht, kommen diese letzteren Bilder aus dem Gehirnbereich und jetzt weicht das restliche Seelenleben, das die karmischen Wirkungen trägt, aus dem Bewusstsein. Erinnern wir uns daran, dass das Gehirn traditionell mit dem Mond verbunden wird und dass es der Sitz des Bewusstseins (des Individuellen) ist, während das Herz mit der Sonne zusammenhängt und der Sitz des Geistigen (Überindividuellen) ist. Dies bedeutet, dass der Verstorbene nicht in die Mondensphäre, sondern vielmehr in ein Zwischenreich eintritt, wo sich die Einflüsse des Geistigen und des Seelischen miteinander vermischen.

Am dreizehnten Tag kommen (wie auf der friedlichen Stufe des Chönyid Bardo) zu den fünf Paaren von bluttrinkenden Gottheiten sechzehn schreckliche tierköpfige Gestalten hinzu, acht Kerimas und acht Htamenmas, die alle aus Gehirnregionen hervorkommen (120–122).

Am vierzehnten Tag schließlich kommen zu den sechsundzwanzig vorangegangenen Gottheiten die vier Hüterinnen der Tore, vierundzwanzig Yoginis (weibliche Geister) und die vier Yoginis der Tore hinzu, die alle schrecklich aussehen, Tierköpfe und verschiedene Attribute haben und den vier Windrichtungen zugeteilt sind.

Diese achtundfünfzig bluttrinkenden Gottheiten müssen an diesem letzten Tag des Chönyid Bardo erkannt werden. Anderenfalls erscheinen all die friedlichen Gottheiten in der Form einer einzigen (Mâhâkâla) und all die rasenden Gottheiten vereinigen sich zum Herrn des Todes (Dharma-Râja). In diesem Stadium ist der Verstorbene nur noch ein psychischer Körper, der aus karmischen Neigungen besteht, eine Beute seiner eigenen Halluzinationen, der Einsamkeit und dem Grauen anheimgegeben (122–128).

Das *Bardo Thödol* schließt mit der Mahnung, zu Lebzeiten zu meditieren und die Erfahrung dieser Wirklichkeiten zu machen (129, 130).

Wie man feststellen konnte, wird das Chönyid Bardo ganz von der Gegenwart der fünf Dhyâni-Buddhas beherrscht, die zunächst in ihrem friedlichen, dann in ihrem rasenden Aspekt erscheinen. Das Licht, das von diesen Gottheiten ausgeht, kommt von den elementaren Prinzipien (Äther, Wasser, Erde, Feuer, Luft), deren jeweilige Herrscher sie sind und die auf allen Manifestationsebenen (physisch, feinstofflich, formlos) die Substanz des Universums bilden. Dies erinnert sofort an eine Parallele zur hinduistischen Tradition, die Indra, Varuna, Vayu und Agni – den vier Gottheiten der Elemente – einen ähnlichen Platz zuweist. Sie wirken befruchtend auf die Ursubstanz ein und hieraus entsteht ein differenzierter Aspekt der Weisheit, was in der buddhistischen Ikonographie durch die Vereinigung mit der Gefährtin symbolisiert wird. Um die ontologische und kosmogonische Bedeutung dieser Prinzipien ganz zu verstehen, kann man auch die Beziehung zu den vier Wesen und dem Lamm der christlichen Tradition (Offenbarung des Johannes) herstellen, die über die Tendenzen der vierfachen Ausdehnung herrschen, oder auch zu den vier Erzengeln der jüdischen und islamischen Tradition, deren Symbolik ähnlich ist.

Sidpa Bardo – die Wanderung und das Gericht

Das *Bardo Thödol* wendet sich nun an den Verstorbenen, dessen Bewusstsein durch karmische Wirkungen verdunkelt wurde. In diesem Stadium wird dem Menschen, der noch eine gewisse Einsicht in seine eigenen Phantasien hat, größte Vorsicht angeraten. Er ist jetzt »mit wundertätiger Macht« begabt, kann alles erlangen, was er will, und sich dorthin begeben, wohin ihn seine Illusionen ziehen. Aber diese Macht ist gefährlich; dem Verstorbenen wird dringend nahegelegt, sich ihrer nicht zu bedienen und keine der sich anbietenden Gestaltverwandlungen zu begehren, da sie rein karmischer Natur sind.

Der Zustand, in dem sich der Verstorbene jetzt befindet, kann bis zu sieben Wochen (neunundvierzig Tage) anhalten, doch dauert er meist nicht länger als zweiundzwanzig Tage. Das Bewusstsein wird dumpf, instabil, flüchtig und zusammenhanglos, findet keine Stütze, muss vorwärts gehen und erleidet seine eigenen karmischen Wirkungen. Dieser Zustand unterscheidet sich vom Traumzustand nur dadurch, dass er viel intensiver erlebt wird. Das des Körpers entledigte Bewusstsein des Verstorbenen hat keine Grenzen und Beschränkungen mehr und bewegt sich in völliger Freiheit der Phantasie und des Vorauswissens. So kann es die Welt der Lebenden mit einer außerordentlichen Schärfe wahrnehmen, die Absichten der Verwandten, ihre Gedanken und die Aufrichtigkeit oder Falschheit ihrer Empfindungen erkennen. Diese Fähigkeit ist durchaus kein Vorteil, denn sie kann im Verstorbenen Schmerz oder Zorn erregen und die Dunkelheit des Karmas vermehren (147).

Das Karma an sich ist nichts Schlechtes. Diejenigen, die sich Verdienste erwerben und sich aufrichtig der Religion gewidmet haben, erfahren köstliche Freuden und großes Glück. Diejenigen, die gleichgültig und unwissend waren, erfahren weder Freude noch Schmerz, sondern eine Art farbloser und gleichgültiger Dumpfheit. Diejenigen, die Böses angesammelt haben, werden vom Wirbelsturm des Karmas fortgerissen, von seinen Böen ergriffen und geraten in eine dichte und furchterregende Finsternis, aus der schreckliche Schreie ertönen und fleischfressende Dämonen, Beutetiere, schreiende Scharen und alle möglichen grauenerregenden Dinge hervorgehen (138–142). Diese Schmerzen und diese Leiden erlebt man nicht gleichzeitig, weil das Karma selbst nicht homogen ist. So wechseln momentane Freuden abrupt mit spontaner Trübsal ab, wobei die Gefühlsregung immer mit den nicht voneinander zu trennenden Erscheinungen der Anziehung und der Zurückstoßung verbunden ist, »der mechanischen Wirkung einer Wurfmaschine vergleichbar« (146).

Dann beschreibt das Buch die Szene des Gerichts, ohne hierfür einen bestimmten Zeitpunkt im Sidpa Bardo anzugeben. Wenn der Verstorbene zu keiner Schutzgottheit (Yidam) beten oder über diese meditieren kann, kommen der gute und der böse Daimon, die beide gleichzeitig mit ihm geboren sind, und zählen vor ihm alle seine guten Taten mit weißen Kieseln, die bösen Taten mit schwarzen Kieseln auf. Der Verstorbene wird von Furcht ergriffen, versucht zu lügen und behauptet, dass er die bösen Taten nicht begangen hat, die man ihm zur Last legt. Daraufhin befragt der Herr des Todes vor ihm den Spiegel des Karmas, in dem alle Taten deutlich erscheinen. Alles Lügen wird dadurch unnütz und entfacht nur den Zorn des Herrn des Todes und seiner ausführenden Furien, die den Verstorbenen zerreißen, in Stücke hacken, sein Fleisch essen und sein Blut trinken. Es ist hier schwierig zu sagen, ob diese Peinigungen aufgrund der Lügen erfolgen oder ob dies das Gericht selbst ist, das als eine Zerreißung des Bewusstseins erlebt wird. Allerdings laufen diese beiden Möglichkeiten auf dasselbe hinaus, weil das Bewusstsein vor jedem Gericht (und zwar auch im gewöhnlichen Dasein) instinktiv Widerstand leistet, sich zu rechtfertigen versucht und immer zu lügen beginnt. Im vorliegenden Fall, dem Gericht nach dem Tod, ist jedes Lügen nutzlos, weil hier das Bewusstsein sich selbst richtet, weil seine karmischen Halluzinationen es vor seinen eigenen Augen bloßstellen und weil der Herr des Todes nur seine eigene Richterfähigkeit ist, die es während seines Daseins gegenüber seinem Nächsten kultiviert hat. So wird nach dem Wort des Evangeliums der Verstorbene »mit dem Maß gemessen, mit dem er selbst gemessen hat«. Das Nämliche könnte man hinsichtlich der Furien sagen, die ihn quälen und die richtenden und rächenden Tendenzen verkörpern, die während des Lebens gepflegt wurden. Diesbezüglich lautet die unablässig wiederholte Botschaft des *Bardo Thödol*: Ängstige dich nicht, dein Körper kann nicht sterben, auch wenn er zerstückelt und verzehrt wird. Die Herren des Todes sind deine eigenen Halluzinationen (143).

Wie schon gesagt ist es schwierig, das Gericht zeitlich im Sidpa Bardo einzuordnen; andererseits ist dies an sich verständlich, weil in diesem Traumzustand die Zeit weitgehend ihre Kontinuität und Homogenität verliert, ohne allerdings ganz aufzuhören. Möglicherweise muss man sich diese Szene auch so vorstellen, dass sie sich der karmischen Wanderung überlagert und da und dort im Zuge der Halluzinationen mit der Hartnäckigkeit und Regelmäßigkeit eines Alptraums wiederkehrt. Für diese Auffassung spricht die Tatsache, dass das Gericht im *Bardo Thödol* zu keinem unmittelbaren Ergebnis führt. Andererseits hat der Verstorbene jederzeit die Möglichkeit, diesen quälenden Visionen durch eine höchste Sammlung der Klarheit und Konzentration zu entgehen bis zu jenem schicksalhaften Augenblick, in dem »der Faden des göttlichen Erbarmens durchtrennt« wird und er dorthin fällt, wo es keine Befreiung mehr gibt (145).

Dieser Augenblick entspricht der Erschöpfung der karmischen Wirkungen und der fortschreitenden Auslöschung des früheren Daseins. Wie wir schon bei den hinduistischen Lehren gesehen haben, bleibt nach dieser Auslöschung nichts zurück als ein unbefriedigter Daseinsdrang, der notwendigerweise die Suche nach einer neuen individuellen Form zur Folge hat. Sobald sich dieser Trieb nicht mehr auf die alten psychischen Reste heften kann, wird er für alle neuen Daseinsmöglichkeiten empfänglich und dann leuchten im Bewusstsein des Verstorbenen die milden Lichter der sechs Seinsbereiche (Samsâra) auf. Auch hier wiederum mahnt das *Bardo Thödol* den Verstorbenen, der Verlockung dieser Lichter und dem Wunsch nach einer Wiedergeburt zu widerstehen. Es scheint daher, und dies ist ein wichtiger Punkt, dass der Verstorbene im Sidpa Bardo (der Mondsphäre) bleiben könnte und dass er sogar größtes Interesse daran haben könnte, dort zu bleiben, um so jede neue Seelenwanderung zu vermeiden (149, 150). Diese Frage ist strittig und wir werden hierauf noch in der Schlussfolgerung zurückkommen.

Sidpa Bardo – die Wiedergeburt

Wenn derjenige, der das *Bardo Thödol* vorliest, das Gefühl hat, dass das Bewusstsein des Toten dem Drang zu einer Wiedergeburt kaum mehr widerstehen kann, dass es der Täuschung unterliegt und zu den Toren der Mutterschöße wandert, dann lehrt er zwei Verfahren, um dies zu verhindern. Das erste besteht in einer Meditation über die Schutzgottheit, die still in den Geist einziehen und jeden Antrieb zur Wiedergeburt zerstreuen muss. Das zweite besteht im Verschließen der Schoß-Eingänge, die durch Verblendung durchschritten werden könnten. Hierfür gibt es fünf Verfahren:

1. Eine einzige Lösung versuchen: Sich unbeirrt in die Kette der guten Taten stellen und sich nicht von den bösen Taten ablenken lassen.

2. Wenn die Bilder von männlichen und weiblichen Wesen in der Vereinigung erscheinen, darauf achten, dass man nicht zwischen sie tritt; über den himmlischen Vater und die himmlische Mutter meditieren.

3. Alle Empfindungen der Leidenschaft und Aggression abweisen, die bei der Wiedergeburt das Ge-

schlecht bestimmen (männlich, wenn Leidenschaft gegenüber der Mutter und Aggression gegenüber dem Vater besteht, im umgekehrten Fall weiblich).

4. Über die trügerische Natur aller Dinge meditieren, über ihre Unbeständigkeit, über die Tatsache, dass sie keine Wahrheit haben und keine Festigkeit und dass es unnütz ist, sich von ihnen Angst einjagen zu lassen.

5. Den Geist in einen natürlichen, ruhenden, unveränderten Zustand versetzen. In diesem entspannten Zustand über den Ursprung aller seelischen Substanzen und über die leere, ungeborene, ungehinderte Natur des Geistes meditieren.

Diese Methoden sind aus den folgenden fünf Gründen wirksam: Wenn das *Bardo Thödol* laut gelesen wird, versteht der Verstorbene alles, was gesagt wird; er ist Herr über alle seine Sinne; er hat ein außerordentlich starkes Verlangen nach Weisung; er ist besonders willig und sein Geist ist neunmal so klar wie zuvor (151–158).

Wenn trotz dieser Empfehlungen die Schoß-Eingänge nicht verschlossen wurden, muss man sich mit dem Gedanken einer Wiedergeburt vertraut machen und nach der besten Lösung suchen. Aufgrund seines Vorauswissens kann der Verstorbene die Umstände unterscheiden, die sich ihm in jedem Schoß darbieten; da aber die karmischen Reste sein Bewusstsein verdunkeln, können ihn verschiedene Umstände täuschen und statt eines guten einen schlechten Schoß wählen lassen. Hier ist (wie im *Er*-Mythos, in dem Platon die Irrtümer bei der Wahl des neuen Lebens darstellte) alle Wachsamkeit vonnöten: Der Verstorbene muss völlig frei von Leidenschaft und Aggression bleiben. So bleibt sein Bewusstsein klar (165). Das *Bardo Thödol* zählt nun die vier Kontinente auf, auf denen die Wiedergeburt stattfinden kann, und sagt, welche man meiden soll, weil dort der Dharma nicht gedeiht. Dann werden fünf Welten und ihre Merkmale aufgezählt: Die Welt der Götter (Devaloka) mit ihren Tempeln, die Welt der Titanen (Asuraloka) mit ihren Hainen und Feuerrädern, die Welt der Tiere (Trisanloka) mit ihren Felshöhlen, die Welt der hungrigen Geister (Petraloka) mit ihren öden Ebenen, die Welt der Hölle (Hungloka) mit ihren finsteren Weiten. Nur die Wiedergeburt als Deva wird empfohlen (160).

Der Text enthält in seinen Spekulationen bezüglich der sechs Welten eine gewisse Inkonsequenz, weil diese manchmal vollständig erwähnt, dann wieder – wie im obigen Fall oder bei den ersten fünf Tagen, wenn die milden Lichter aufgezählt werden, die den Lichtern der Dhyâni-Buddhas gegenüberstehen – auf fünf reduziert werden. Im ersten Fall fehlt die Welt der Menschen (Naraloka), in Letzterem die Welt der Tiere. Allerdings erscheint diese Auslassung nicht sehr schwerwiegend, denn es geht letztlich darum, dem Verstorbenen eine Abstufung von Daseinszuständen vor Augen zu führen, die eher symbolischer Natur ist. Man muss jedenfalls sehen, dass die sechs Welten (Lokas) die Gesamtheit der individuellen Daseinsmöglichkeiten im Kreislauf der Manifestationen (Samsâra) und insbesondere im physischen Zustand bezeichnen (106). Jeder Schoß ist der Ort des Übergangs vom Leben nach dem Tod zum Erdendasein und führt in eine der sechs Welten, deren symbolische Merkmale das Menschendasein oder dessen Entsprechungen in anderen Welten bezeichnen. So sind die Tempel, Haine, Fehlshöhlen, Ebenen und finsteren Orte das psychische Umfeld bei den möglichen Wiedergeburten; unter der Welt der Götter (Devaloka) wiederum ist nicht diejenige der großen Gottheiten des Chönyid Bardo zu verstehen, sondern diejenige der Weisen, die die erstrebenswerteste ist; dies wird etwas später bekräftigt (165). Aus dieser Sicht wäre die Welt der Titanen die Welt der Mächtigen, die eine Willkürherrschaft ausüben usw.

Ebenso müssen alle Andeutungen von Tierverkörperungen (154) symbolisch verstanden werden und dienen nur dem Ziel, dem Verstorbenen konkrete und abschreckende Beispiele vor Augen zu halten. Es wäre falsch, an eine tatsächliche Wiedergeburt in einer dieser Gestalten oder aber in der Wirklichkeit der Götter zu glauben, die dem Verstorbenen bei seinen Halluzinationen erscheint. Im Augenblick der Wiedergeburt verlässt der Mensch die Mondsphäre, wo sich die Individualitäten auflösen und neu formen; dies kann aber nicht in einen überindividuellen Zustand (Götter) führen, in dem die Individualität »kollektiviert« ist, noch in einen unterindividuellen Zustand (Tiere), in dem die Art die Individualität ist.

In dem Augenblick, in dem der Verstorbene in einen Schoß eingehen soll, gibt es noch eine letzte Möglichkeit, dem neuen Dasein durch eine tiefe Meditation zu entgehen und einen Platz im Paradies zu erlangen (wohl im Nirmânakâya, dem Verwandlungsleib). Anderenfalls muss der Verstorbene endgültig seine Wiederverkörperung wählen (163–166). Das *Bardo Thödol* betont, dass es dem Verstorbenen, wenn er von den »Rächern des Karmas« verfolgt wird und nicht anders kann, als Zuflucht in einem Mutterschoß zu suchen, nicht mehr möglich ist, diesen Schoß zu verlassen und in das Sidpa Bardo zurückzukehren, denn die Dämonen (Râkshasas) hindern ihn daran. Letztere sind die Geister Verstorbener, die während ihrer Wanderschaft nach dem Tod böse Empfindungen angesammelt haben und die sich ihrer Macht der Metamorphose bedienen, um mit ihrer Anwesenheit sowohl die Zwischenwelt (Bardo) wie die Welt des gewöhnlichen Daseins heimzusuchen. Diese bösen Geister spielen also eine gewisse Rolle für das Verschließen des Schoßes und profitieren vermutlich sehr von diesen Inkarnationen, weil diese ihnen eine Manifestationsmöglichkeit im Dasein bieten. Aufgrund dieser Überlegung kann man für den Verstorbenen, der durch das Sidpa Bardo hindurchgeht, neben der Erlangung eines relativen Paradieses oder einer zum Menschendasein führenden Wiedergeburt eine dritte Möglichkeit annehmen: die ewige Wanderung als psychischer Restschatten.

Zusammenfassung

In den Empfehlungen des *Bardo Thödol* finden sich an verschiedenen Stellen Widersprüche, mit denen wir uns nicht näher befasst haben, weil sie in allen traditionellen Schriften unausweichlich zu sein scheinen. Sie bedeuten durchaus keine Beeinträchtigung der dargelegten Lehren, sondern bilden vielmehr ein erfolgreiches Hindernis für allzu strenge Analysen, die immer die Gefahr in sich bergen, diese Lehren in sterile und kalte Systeme zu verwandeln. Das traditionelle Denken ist durchaus logisch, aber vor allen Dingen intuitiv; aus diesem Grund erscheint es uns wichtiger, ihren Geist als die Details zusammenzufassen.

Folgende kurze Textstelle fasst die Lehre des *Bardo Thödol* zusammen (115): Diejenigen, die die vollkommene Übung meditiert haben, werden im Augenblick ihres Todes das klare Licht erkennen; sie erlangen den Dharmakâya (unbedingten Zustand) und für sie wird das Lesen dieses Thödol nicht notwendig. Diejenigen, die im Chönyid Bardo die friedlichen und die rasenden Gottheiten wahrnahmen, erlangen den Samboghakâya (überindividuellen Zustand). Diejenigen, die diese im Sidpa Bardo wahrnehmen, erlangen den Nirmânakâya (individuellen Zustand).

Diese Lehre von den drei Körpern (Trikâya) ist grundlegend, aber nicht neu. Die Erlangung des Dharmakâya entspricht der Erlösung und der höchsten Identität, die Erlangung des Samboghakâya der endgültigen Befreiung von den individuellen Formen und der göttlichen oder überindividuellen Identität, und die Erlangung des Nirmânakâya entspricht der Befreiung von den Daseinszyklen durch die ewige

Fortsetzung des Menschendaseins und seines individuellen Zustandes nach dem Tod. Dieser letzte Zustand wird im Sidpa Bardo erlangt, der wie gesehen äußerst instabil ist, weil er der Allmacht des Karmas und dem Verlangen nach Wiedergeburt unterworfen ist. Will man sich hierin stabilisieren, ist die Gegenwart und das Wirken eines erlösenden Prinzips (des Buddha) vonnöten, über den der Verstorbene meditieren muss. Letzterer kann in jedem »erweckten« Adepten inkarniert sein, der mit seinen Verdiensten die Fehler derjenigen gutmacht, die sich an ihn wenden.

Die Lehre des *Bardo Thödol* zeichnet sich vor allem dadurch aus, dass sie die trügerische Natur der im Zwischenzustand wahrgenommenen Phänomene und gewissermaßen die demiurgische Allmacht des Bewusstseins hervorhebt, das die Zustände schafft oder erleidet, zu denen sie sich hingezogen fühlt. Diese Auffassung findet sich zwar auch in den übrigen Lehren, nimmt aber hier besonders eindrückliche Gestalt an.

II. TEIL

VERSUCH EINER SYNTHESE

Das Bewusstsein und das Seelische

Bevor man eine Synthese der möglichen Ereignisse nach dem Tod versuchen kann, muss mit größtmöglicher Genauigkeit angegeben werden, welche Elemente der Persönlichkeit den Vorgängen nach dem Tod unterworfen sind.

Der Begriff »Seele«, der sehr häufig für die Summe dieser Elemente benutzt wurde, hat den Vorteil der Griffigkeit, dem der Nachteil der Ungenauigkeit gegenübersteht. Das *Bardo Thödol* vermeidet ihn und zieht den Begriff des Bewusstseins, des bewussten Prinzips, ja auch des »Erkennenden« vor. Der *Vedanta* akzeptiert diesen Begriff, sieht jedoch in der individuellen Seele ein trügerisches Fragment des inkarnierten und von den Daseinsbedingungen beeinflussten Selbst. Was das alte Ägypten betrifft, so bezeichnet das Ka, das eigentliche Handelnde im Leben nach dem Tode, ebenfalls ein bewusstes Prinzip. Letztlich akzeptieren nur die semitischen Religionen ohne Einschränkung den Begriff der Seele, wie wir ihn heute verstehen.

Diese Differenzen sind jedoch nur scheinbar und beruhen lediglich auf Unterschieden des Standpunkts. Letztlich bildet sich in allen geschilderten

Lehren eine grundlegende Beziehung zwischen einem »Erkennenden« und einem »Erkannten« heraus, deren Ergebnis die von Mensch zu Mensch unterschiedliche »Erkenntnis« ist. Man kann das Erkennende als das Bewusstsein oder bewusste Prinzip und das Erkannte als die Seele bezeichnen, die als mehr oder weniger komplexe, mit vielfältigen Neigungen und Fähigkeiten ausgestattete Substanz verstanden wird. Unter diesem Gesichtspunkt kann die Verfassung des Individuums, das durch die Tatsache des Todes plötzlich des körperlichen Daseins beraubt ist, wie folgt dargestellt werden: Das bewusste und erkennende Prinzip (das Bewusstsein) bleibt von seiner eigenen psychischen Substanz (der Seele) umgeben; es dringt in diese gewissermaßen wie in eine Welt ein, die es erkundet und in der ihm alle Hervorbringungen seines Daseins entgegentreten. Das bewusste Prinzip kann man mit dem Geist oder dem Selbst gleichsetzen, das mehr oder weniger klar ist oder aber von den Täuschungen missbraucht wird, die in der Seele entstanden sind; es verkörpert die Essenz und die Permanenz des Menschen in seiner nichthandelnden (aber aktiven) Modalität. Die Seele dagegen repräsentiert die Substanz und Unbeständigkeit des Menschen in der handelnden (aber passiven) Modalität; nach dem Ereignis des Todes entfaltet sie sich, dehnt sich um das bewusste Prinzip aus und umgibt es mit ihren Neigungen und Fähigkeiten, greift es an und unterjocht oder aber bezaubert es. Unter Neigungen der Seele ist die Summe ihrer »Umgebungen« zu verstehen, die aus dem Dasein resultieren und die die paradiesischen oder höllischen Aufenthaltsorte nach dem Leben schaffen; die Fähigkeiten der Seele sind die Summe der triebhaften, seelischen oder geistigen Begierden, die um das bewusste Prinzip projiziert werden und sich je nach dem kulturellen Hintergrund des Verstorbenen in Göttern, Engeln, demiurgischen und tyrannischen Geistern verkörpern. Wenn diese während des Daseins verstümmelt oder zurückgedrängt werden, erscheinen sie in Gestalt von Dämonen oder rasenden Göttern. Wenn sie jedoch zur Erfüllung gebracht werden, werden sie auf der Reise nach dem Tod als solche gemeistert und erkannt und gehen wieder in das bewusste Prinzip ein, das dadurch gekräftigt wird.

Es ist klar, dass ein Mensch, der in keiner spezifisch traditionellen Kultur steht, weder Götter noch Dämonen sehen wird, weil diese Gestalten nicht in seine Bilderwelt eingehen; seine Fähigkeiten erscheinen in Gestalt typisierter Personen, seine psychische Umgebung in Gestalt symbolischer Orte. Diese Situation ist jedoch nur scheinbar gleichwertig, denn sie hat einen wesentlichen Nachteil: Wenn man bedenkt, dass jede Tradition bestrebt ist, das Feld des Bewusstseins zu strukturieren und dem Verstorbenen in der »Landschaft der Seele« Orientierung zu geben, dann steht der Mensch ohne Traditionen und ohne Kultur in der großen Gefahr, sich im Labyrinth seiner eigenen Halluzinationen zu verlieren und zu verirren. Dies ist der Grund, warum die östlichen Traditionen der Meditation über Diagramme und symbolische Darstellungen des Menschen so große Bedeutung beimessen (Mandalas, Tankas, Yantras).

Die dreifache Gliederung der Seele, wie sie in den semitischen Traditionen immer wieder dargelegt wird, hat in den östlichen Traditionen keine eigentliche Entsprechung, doch wird ihre Realität im Grunde überall anerkannt: Das bewusste Prinzip, das von der psychischen Substanz eingehüllt ist, wird unvermeidlich von den guten und schlechten Wirkungen seiner früheren Handlungen beeinflusst, die sich in drei Bereiche gliedern lassen: Vitalbereich (in Beziehung zur körperlichen Existenz), Seelenbereich (in Beziehung zum individuellen Dasein und seiner Bekräftigung), geistiger oder »idealer« Bereich (in Beziehung zum überindividuellen Dasein). Diese Wirkungen sind die wesentlichen Agentien des Daseins nach dem Tode; sie färben die psychische Umgebung, machen sie schwerer oder leichter, bewegen das Bewusstsein, quälen es und reizen oder besänftigen die »Götter«.

Diese Dreiteilung ist natürlich nur die Abspiegelung der menschlichen Verfassung: Körper, psychischer Bereich (Seele), überdauerndes Prinzip des Bewusstseins (Geist). Jedes dieser drei Elemente ist mit einer Manifestationsebene verbunden, durch die es geprägt wird: Für den Körper ist dies die grobstoffliche Welt, für den psychischen Bereich die feinstoffliche Welt und für das bewusste Prinzip die formlose Welt. Im Wach- und Daseinszustand sind diese drei Ordnungen manifest und überlagern einander, während im Traumzustand und im Zwischenzustand nach dem Tod die grobstoffliche Welt verschwindet; im (traumlosen) Tiefschlaf wie in der letzten Phase des Daseins nach dem Tod löst sich auch die feinstoffliche Welt auf.

Diese drei Wesensglieder des Menschen haben jeweils ihre eigenen Impulse (Triebe und Instinkte beim Körper, Gemütsbewegungen und Leidenschaften im psychischen Bereich, formlose und einigende im geistigen Bereich), die sich positiv oder negativ der Seelensubstanz einprägen. Die Seele wird durch diese verschiedenen Einprägungen, die sie gewissermaßen wie »Reisegepäck« begleiten, verändert, weshalb es vorzuziehen ist, hier vom »Seelenaggregat« zu sprechen.

Umgekehrt ist das bewusste Prinzip wie das Selbst (Âtman) im Hinduismus kontinuierlich, homogen und unveränderlich. Lediglich seine Daseinsbedingungen werden durch die Natur der Seele und deren psychische Ansammlungen verändert und beeinflusst, wobei die Seele ihrerseits durch das sensitive und körperliche Dasein beeinflusst und verändert wird.

Aus diesen Zusammenhängen ergibt sich, dass das so inkarnierte Selbst je nach Verdichtung oder Leichtigkeit der Seele, die es selbst gestaltet, verblendet oder aber in hohem Maße erweckt sein kann. Es bleibt aber das einzigartige Prinzip, das wach und aktiv ist, auch wenn es nicht handelt: Es selbst kerkert sich ein oder befreit sich nach seinem eigenen Willen.

Die Zustände und Grade der Erweckung

Wenn man sich der Grundfrage nach den Ereignissen nach dem Tod zuwenden will, muss man sich zunächst mit den verschiedenen Graden der Verwirklichung und der Erweckung befassen, die diese Ereignisse bestimmen und ihren Gang entscheidend beeinflussen. Aus den obigen Definitionen bezüglich des bewussten Prinzips und seines psychischen Aggregats ergibt sich sofort, dass Ersteres die volle Verantwortung für den Grad seiner Erweckung bzw. Verblendung trägt (denn letztlich gibt immer das Bewusstsein seine Zustimmung zu dieser oder jener Neigung der Seele) und dass nur Letzteres in seiner Natur verändert werden und die leicht erkennbaren Zeichen tragen kann, die den erlangten Grad kenntlich machen.

Alle traditionellen Initiationen kennen mehrere, manchmal recht zahlreiche Stufen, die mehr oder weniger symbolisch den Grad der Vervollkommnung des Menschen anzeigen. Man kann diese recht gut zu vier Zuständen zusammenfassen, die sowohl die Natur des Erkannten (das heißt des psychischen Aggregats) als auch den Grad der Erweckung des Erkennenden (das heißt des Bewusstseins) angeben; diese Gliederung, die im Großen und Ganzen den vorgestellten Lehren zugrunde liegt, kann wie folgt dargestellt werden:

1. Der erste Zustand, der nicht immer Gegenstand der Lehren ist, ist der gewöhnliche Zustand, in dem das Bewusstsein keine Kontrolle über die Gesamtheit der psychischen Möglichkeiten ausübt; diese sind der Allmacht der sinnlichen Phänomene unterworfen und folgen einer regellosen Entwicklung. Dies ist der natürliche Zustand der Kindheit, dem eine elterliche Autorität überlagert (oder eingeprägt) werden muss. In einem anderen Zusammenhang ist dies auch der Zustand des Menschen ohne Ethik, ohne traditionelle Bindungen und ohne Bezug auf ein Absolutes. Auf dieser Stufe haben die Vitalforderungen das Übergewicht und der Mensch ist vor allen Dingen bestrebt, seine körperlichen und materiellen Bedürfnisse zu befriedigen, wodurch seine übrigen Fähigkeiten in einem nur keimhaften Stadium bleiben. Hieraus entstehen »herabziehende« psychische Einprägungen.

2. Die zweite Stufe ist durch die Eingliederung in die Ganzheit gekennzeichnet. Traditionell wird sie durch rituelle Aufnahme in eine religiöse Gemein-

schaft vollzogen, teils schon bei der Geburt (Taufe, jüdisch-islamische Beschneidung), teils bei dem Übergang in das Erwachsenenalter (Pubertätsriten, verschiedene Initiationen). Dieser Zustand ist durch die Bindung an eine allgemeingültige Moral gekennzeichnet, deren Zweck die Festigung des Zusammenhalts der Individuen durch Zügelung der vitalen Grundtriebe ist (Sexualität, Aggression, Neigung zu Trägheit, Beutetrieb usw.). Er äußert sich aber auch in der Ausbildung eines umfassenden Bewusstseins (das die Rolle des Erkennenden spielt, im traditionellen Zusammenhang meist durch die Autorität der Religion, der Ahnen oder Ähnliches verkörpert) und einer Gemeinschaft, die die Rolle der kollektiven Seele spielt. Zu beachten ist hierbei die Bedeutung, die der Erhaltung des Kollektivs beigemessen wird, was dieses allerdings nicht daran hindert, die Bekräftigung individueller Werte zuzulassen und teilweise sogar zu fördern. Dies äußert sich vor allem in dem Interesse, das der Verdienstlichkeit oder Verwerflichkeit von Handlungen und der Festlegung gewidmet wird, was im Einklang mit der kollektiven Ordnung ist und was nicht. Daraus ergibt sich, dass der »integrierte« Mensch ein völlig anderes Verhalten an den Tag legt als der Mensch im gewöhnlichen Zustand, weil hier das Bewusstsein auf die seelische Ebene ausgreift und Wertesysteme schafft, die auf der ersten Stufe nur rudimentär und unmittelbar vorhanden sind. Diese Werte bestimmen, was wahr, gerecht, logisch, vernünftig, schön, edel, mutig, großzügig usw. ist, und sie führen zur Ablehnung desjenigen, was falsch, ungerecht, unlogisch, unvernünftig, hässlich, schändlich, verachtenswert oder egoistisch ist. Die Handlungskriterien des integrierten Menschen sind Billigung und Missbilligung, und weil er seine individuelle Bestätigung im Schoße des Kollektivs sucht, misst er Ehren, Stellungen, seinem Ruf, seinem gesellschaftlichen Ansehen und allen expliziten oder impliziten Vorschriften, die die gesellschaftlichen Beziehungen regeln und die in irgendeiner Weise strafen oder vergelten, ganz entscheidende Bedeutung bei. Sein Denken ist von Absonderung, Klassengeist und Partikularismus geprägt; es kritisiert, beurteilt, verwirft, wählt seine Meister, seine Helden, seine Götter, die die akzeptierten Werte verkörpern, aber auch seine Antihelden, seine Sündenböcke und seine Dämonen. Alle diese Elemente des individuellen Daseins, das als solches bekräftigt wird, müssen Auswirkungen auf das Leben nach dem Tode haben und erklären die Allmacht der verdienstvollen Handlungen oder der Vergehen, die Friedfertigkeit der geehrten Götter und den Zorn der zurückgewiesenen Dämonen, die Einprägungen der Seele sind.

3. Den dritten Zustand kann man den »geeinten Zustand« nennen. Traditionell ist sein Merkmal die Initiation im eigentlichen Sinne, die keine einfache Integration in die Gemeinschaft mehr ist, sondern der Beginn eines Weges zu einer spirituellen Verwirklichung. Nach der alten Terminologie war dies die Einweihung in die »kleinen Mysterien«. Das Ziel dieses Weges ist die Einheit des Menschen und (mit dem schon erwähnten Ausdruck) der Zusammenhalt der vielen Seelen. Auf dieser Stufe tritt das Individuum als solches nicht mehr in Erscheinung, sondern verinnerlicht alle Elemente der Gemeinschaft, die guten wie die schlechten. Weil das Wesensmerkmal des Tätigseins im Wachzustand (oder des Seinszustandes) die Projektion nach außen ist, assimiliert und integriert der Mensch, der alle Individuen einer Gemeinschaft verinnerlicht, alle seine eigenen inneren Antriebe. Merkmal dieses Zustands ist die Aufgabe der gesellschaftlichen Werte, die weder umgekehrt noch überschritten noch abgeschafft, sondern vielmehr integriert und transzendiert werden. Dieser letzte Punkt ist äußerst wichtig und es darf diesbezüglich keine Unklarheiten geben. Es steht selbstverständlich außer Frage, dass diese Werte ihre Existenzberechtigung haben und dass sie den Einzelnen davor bewahren, in den gewöhnlichen und gleichsam tierhaften Zustand zurückzufallen; ebenso steht

aber fest, dass sie dieses Individuum in eine Absonderung bringen, dass sie es begrenzen und seinen Bewusstseinsbereich beschränken. Andererseits erkennt der »geeinte« Mensch, der durchaus weiß, was erstrebenswert ist und was nicht, in völliger Klarheit, dass das Gute das Böse braucht, um in Erscheinung treten zu können, das Schöne das Hässliche, das Logische das Unlogische und das Gerechte das Ungerechte, und dass letztlich die Unterdrückung eines Entgegengesetzten auch zur Unterdrückung des Gesetzten führt, das sofort in den gewöhnlichen nichtdifferenzierten Zustand zurückfällt. Wesentliches Merkmal des geeinten Zustands ist daher das Hinausgelangen über die gesellschaftlichen Konventionen, über das Klassendenken, den Vergeltungsdrang, die Ehre und Unehre, die Kritik, die Urteile und alles, was die Vereinzelung verschärft. Indem der Mensch nicht mehr Entscheidungen für oder wider trifft, sondern gleichmütig alles annimmt, was das Dasein und das Individuum ausmacht, nimmt er den Feind als Freund und das Dämonische als eine notwendige Manifestation des Göttlichen wahr; dadurch befreit er sich von allen leidenschaftlichen Bindungen und von der Seelentätigkeit selbst, die den »integrierten« Menschen konditioniert. Da auf dieser Stufe Konflikte mit dem Dasein unmöglich werden, nimmt die Seele nur noch idealische oder archetypische Einprägungen auf und alle Bewusstseinsgebiete vereinigen sich.

4. Der vierte Zustand schließlich ist derjenige des »befreiten« Menschen. Dies ist traditionell das letzte Ziel des Daseins und der Weg der »großen Mysterien«. Während der Mensch auf der vorangegangenen Stufe zwar von aller Anziehung und Abstoßung gegenüber den Dingen und von seiner eigenen Individualität befreit war, nahm er immer noch die Daseinsphänomene wahr und nahm an ihnen aktiv teil, indem er sie einigen wollte. Auf dieser Stufe dagegen löst er sich vom Dasein selbst, um einen Zustand völliger Nichtbedingtheit zu erlangen. Die Seele, die wieder von allen Einprägungen frei ist, geht im Prinzip des Bewusstseins auf, das nun von dem Bedürfnis frei ist, ihre zur Erfüllung gebrachten und integrierten psychischen Inhalte nach außen zu projizieren, und nun die Ausdehnung ihrer eigenen Dimension in das Unendliche erlebt.

Es ist klar, dass eine solche Definition der menschlichen Verfassung einer Nuancierung bedarf. Eine solche Abstufung bleibt insofern theoretisch, als kein Zustand jemals endgültig und vollständig erlangt werden kann, das heißt ohne die beschränkenden Bedingungen der vorhergegangenen Zustände, von denen immer Einprägungen zurückbleiben, auch wenn sie noch so gering sind. Trotzdem ist eine solche Gliederung gerechtfertigt, weil sie der Aufeinanderfolge der Manifestationsebenen entspricht: Der Wachzustand, in dem sich ausschließlich die Lebensaktivität vollzieht; der Traumzustand, in dem sich vor allen Dingen die Seelenaktivität vollzieht; der Zustand des Tiefschlafs, der traditionell als Nähe zum Göttlichen verstanden wird, und schließlich der Zustand der Nichtbedingtheit, in dem die Manifestationen im Grenzenlosen des Nichtseins aufgehen.

Wie man sieht, entspricht die Aufeinanderfolge dieser vier Zustände einer zunehmenden Wiedervereinigung, das heißt einem Fortschreiten von der Vielfalt zur Ganzheit und weiter von der Einheit zur Auslöschung im ursprünglichen Nullpunkt. Diesem Phänomen kann man sich aus dem Blickwinkel bestimmter traditioneller Sichtweisen nähern, die die Arten mit individuellen Zuständen und die überindividuellen Ebenen mit kollektiven Zuständen gleichsetzen. Aus dieser Sicht ist das Tier als Einzelnes kein Individuum, sondern Teil eines Individuums, das in der Art insgesamt als solches erscheint. Umgekehrt wird der überindividuelle Zustand (wie ihn Engel, Dämonen usw. symbolisieren) immer als kollektiver Zustand aufgefasst, wobei das Individuum selbst eine Art ist. Man könnte diese Überlegung dahingehend fortführen, dass sich das Bewusstsein immer mehr reduziert und zersplittert, je mehr es sich einengt (auf die unteren Reiche bis hin zum trägen Stoff), und dass es sich umso mehr ausdehnt, je mehr es sich eint (in den höheren Zuständen bis hin zum Grad des absoluten Seins). Wenn nun das Menschsein die Möglichkeit der Erlangung des reinen und grenzenlosen Bewusstseins beinhaltet, dann muss es logischerweise auch die Möglichkeit eines Absinkens in die absolute Unbewusstheit beinhalten. Diese beiden Extremzustände sind jedoch nur nach dem Zurücklassen der körperlichen Hülle denkbar, im Zustand nach dem Tod.

Die Vorgänge nach dem Tod

Die Reise des gewöhnlichen Menschen, der keiner traditionellen oder religiösen Gemeinschaft angehört, wird in den Texten (mit Ausnahme der Pistis Sophia und des Vedanta) kaum berücksichtigt. Dies hängt unmittelbar mit der Verfassung dieses Menschen zusammen: Wer an keiner bestimmten Kultur teilhat, kann natürlich nach dem Tod nicht die Bilder empfangen, die diese Kultur für die Beschreibung des psychischen Raums und der Mächte, die ihn bevölkern, benutzt. Wenn überhaupt von diesem Zustand die Rede ist, dann wird er meist nur zur Abschreckung dargestellt.

Es ist daher schwierig, hier etwas über die Nachtod-Erlebnisse eines Menschen zu sagen, der »weder Glaube noch Gesetz« hat, der »kulturlos« ist oder nur lose an eine degenerierte, das heißt materialistische und atheistische Kultur gebunden ist. In diesem Fall ist im Augenblick des Todes jede Möglichkeit einer sofortigen Befreiung offenbar ausgeschlossen, weil das »helle ursprüngliche Licht« nur für die Zeit »eines Fingerschnippens« scheint (Bardo Thödol); das Nämliche gilt für die Schau göttlicher Formen von Schutzgeistern oder Dämonen, die den Verstorbenen empfangen und geleiten können (Totenbuch der Ägypter, Pistis Sophia, Sohar, Platon). Diese werden vermutlich durch spontane Schöpfungen ersetzt, die aus dem psychischen Universum des Verstorbenen hervorgehen und sich je nach dem Entwicklungsgrad seiner psychischen Strukturen mehr oder weniger verschwommen zeigen.

Jedenfalls sind sich die Traditionen darin einig, dass das bewusste Prinzip bei dem Verlust der körperlichen Hülle auf der Erde bleibt und dass die Seele unter der Last all ihrer triebhaften Einprägungen lange Zeit in der Nähe des Körpers verweilt (Platon, Bardo Thödol). Die Dauer dieses Zustands richtet sich danach, wie tief diese Einprägungen sind, und er hält so lange an, bis die durch die Betätigung des Körpers entstandenen psychischen Ansammlungen verbraucht und zerfallen sind. Nur das Eingreifen hoher seelischer Mächte kann diesen unaufhaltsamen Zerfall abkürzen; wenn diese nicht vorhanden sind, muss das bewusste Prinzip in diesen triebhaften Einprägungen bleiben (»Schatten« im Totenbuch der Ägypter und bei Platon), die sich verzweifelt an den Körper klammern und mit ihm untergehen.

Schließlich ist auch festzuhalten, dass die psychische Substanz, die nicht mehr vom Körper umgeben ist, unvermeidlich mit derjenigen anderer verstorbener Körper in Kontakt kommt und dass sie sich aufgrund ihrer natürlichen Fähigkeiten wider Willen mit den kollektiven psychischen Ansammlungen derselben Stufe vermischen und verbinden muss (Totenbuch der Ägypter). Man kann sich die aus dem Dasein geschiedene Seele unmöglich als räumlich und zeitlich streng begrenzte Entität vorstellen, denn dies ist gerade die Eigentümlichkeit des körperlichen Daseins. Im Traumzustand sind diese Grenzen unschärfer und dies umso mehr im Zwischenreich nach dem Tode, in dem die Seele übernormale Kräfte erlangt und sogar die Gedanken der Lebenden wahrnehmen kann (Bardo Thödol). Dabei ist im Übrigen festzuhalten, dass sich bei Dingen wie dem Spiritismus und der Anrufung von Toten diese niedrigere und restliche psychische Substanz manifestiert, was die Verwerflichkeit dieser Praktiken zeigt, von denen im Übrigen auch alle Traditionen abraten.

Wenn die Einprägungen des Trieblebens erschöpft sind (Pistis Sophia, Totenbuch der Ägypter) bzw. während deren Auslöschung (Sohar, Bardo Thödol), vollzieht sich an den Bewusstseinsprägungen, die auch bei denjenigen mehr oder weniger stark vorhanden sind, die niemals eine Integration in ein Kollektiv anstrebten, ein ähnliches Schicksal. Nunmehr ist der Verstorbene Opfer seiner eigenen leidenschaftlichen

Halluzinationen; diese bestehen hauptsächlich aus unterdrückten Möglichkeiten (Fehlern), die nicht zur Erfüllung gelangen konnten und jetzt auf ihn einstürmen. Auf diese beiden Stufen, die meist als Hölle oder Fegefeuer bezeichnet werden und die man vielleicht besser »psychische Zersetzungsphase« nennen würde, folgt für den gewöhnlichen Menschen ein Zustand absoluter Bewusstlosigkeit.

Hier ist eine Präzisierung erforderlich. Es heißt manchmal, dass das höhere Wesensglied der Persönlichkeit bei dem Tod aus der formgebenden Hülle (Körper und seelische Struktur; Totenbuch der Ägypter: Ba; Pistis Sophia: Tugend; Sohar: Neschamah) entweicht, am psychischen Zerfall nicht teilhat und in die höheren Reiche eingeht. Man muss sich natürlich darüber im Klaren sein, dass es sich hier um den subtilen Teil der Seele handelt, der die idealischen Einprägungen trägt und sich wieder mit der ihr wesensgleichen Weltseele vereinigt. Wenn diese höhere Seele nicht kultiviert wurde, kehrt sie im Zustand der Bewusstlosigkeit in ihren Ursprung zurück, weil sich das bewusste Prinzip im triebhaften und psychischen Bereich niedergelassen hat, das dem Zerfall anheimgegeben ist. Wenn Letzterer eingetreten ist, verschwindet jegliches Bewusstsein mangels Bilder, weil die Seele – wie ein Spiegel – der notwendige Träger für die Hervorrufung von Bildern ist; diese wiederum braucht das Bewusstsein, um sich als solches erkennen zu können.

Das bewusste Prinzip befreit sich also gewissermaßen in einem Zustand der Bewusstlosigkeit, um in das Nichtmanifeste zurückzukehren.

Dieses Stadium des Daseins nach dem Tod bildet den »zweiten Tod«, der der Vernichtung entspricht (Seelentod) und in dem kein Element der Persönlichkeit mehr erhalten bleibt. Die zerfallenen und der Bilder ledigen psychischen Substanzen (wie auch die körperlichen Substanzen) dienen jedoch nach einer unbestimmten Zeit und in einem nicht weniger unbestimmten Raum in natürlicher Weise zum Wiederaufbau anderer künftiger Aggregate. Auch wenn hier kein Bewusstsein vorliegt, haben sie doch aufgrund ihrer unvollständigen und unbefriedigten Natur auf der Trieb- und seelischen Ebene den Drang zur Manifestation in sich. Diese von Bildern und Einprägungen völlig freien und ungeformten Substanzen ergreifen nun ein Stück des nichtmanifesten Bewusstseins; dieses belebt sie und sie ordnen sich zu neuen geformten Hüllen jeglicher Art. Diese tragen notwendigerweise alle früheren »anonymen« Unvollständigkeiten an sich, das heißt alle noch nicht manifestierten Möglichkeiten dieser Substanz, die nur durch die Befruchtung des Bewusstseins zur Erfüllung kommen können. In diesem Sinne kann man von einer Seelenwanderung sprechen (Vedanta, Pistis Sophia), ohne dass es eine wandernde Individualität gäbe.

Das Schema der Reise nach dem Tod des gewöhnlichen Menschen ist an sich recht einfach, weil sich letztlich hier nichts anderes vollzieht als dasjenige, was man normalerweise im Schlaf erlebt (Totenbuch der Ägypter, Sohar). Der Zwischenzustand, in dem die psychischen Bilder zerfallen, entspricht dem Traumzustand. Die Seele, die sich mangels Eignung nicht darüber hinaus erheben kann, versinkt daraufhin in Bewusstlosigkeit (Zustand des Tiefschlafs), bis ihre Vitaltriebe wieder zusammentreten (Rückkehr in den Traumzustand) und sie zu einem neuen Dasein führen (Wachzustand).

✶

Ganz anders verläuft die Reise nach dem Tod bei einem Menschen, der in ein traditionelles Kollektiv eingebunden ist, das heißt, der strengen gesellschaftlichen Normen gehorcht, deren Ziel es ist, die Individualitäten zusammenzuschweißen; in diesem Fall übt die kollektive psychische Entität der Gemeinschaft eine Wirkung auf den Zwischenzustand aus. Diese Gemeinschaft stellt sich meist unter die Autorität eines gesetzgebenden Begründers (Moses, Christus,

Mohammed, Buddha), der legendär sein kann (Manu, Orpheus, Hermes Trismegistos), oder der Autorität ebenfalls historischer oder mythischer Ahnen. In diesem Fall unterwirft das Individuum sein bewusstes Prinzip demjenigen der spirituellen Autorität und integriert seine Seele in die Gruppenseele, um seine Zukunft nach dem Tod, sein »Heil«, zu sichern und dem zweiten Tod zu entgehen. Dieser Weg, der passiver Natur ist, dient bereits dem Ziel, sich dem ewigen Kreislauf der Wiedergeburten zu entziehen und sich in aufeinanderfolgenden Etappen oder durch eine Befreiung zu einem späteren Zeitpunkt wieder in seinen Ursprung zu integrieren.

Jede traditionelle oder religiöse Gemeinschaft entwickelt zu diesem Zweck, wie eigentümlich dies auch auf den ersten Blick erscheinen mag, spezifische Mittel, wie sie ihrer eigenen Natur entsprechen; dies erklärt sich jedoch einfach daraus, dass jetzt die Gemeinschaft in derselben Weise wie ein spirituell entwickelter Mensch mit *ihrem* Daimon tätig wird, um sich vom Dasein in der Erscheinungswelt zu befreien.

Für den integrierten Menschen sind die Vorgänge nach dem Tod weit weniger schmerzlich, wobei natürlich vorausgesetzt ist, dass er aktiver Teil seiner Gemeinschaft war. Im Augenblick des Todes treten allen triebhaften Einprägungen, die ihn am Körper festhalten wollen, die höheren seelischen Fähigkeiten entgegen (Daimonen, Seelenführer, Engel), die das bewusste Prinzip aus dem triebhaften Seelenleben auf die Ebene des bewussten Seelenlebens ziehen. Letzteres müsste nun das gleichartige kollektive Seelenleben integrieren, doch machen sich hier die negativen seelischen Einprägungen geltend, die diese Integration behindern und die in allen Verstößen gegen die kollektive Ordnung bestehen. Nun kann aber ein homogenes Milieu kein heterogenes Element in sich aufnehmen, weshalb alle angesammelten Vergehen gegen das Milieu vorher zerfallen müssen. Der Verstorbene muss also die Gemeinschaft bitten, ihn zu akzeptieren und ihm zu vergeben (Platon), und seine Ankläger sind seine eigenen Handlungen und negativen Einprägungen (Totenbuch der Ägypter, Pistis Sophia, Sohar, Bardo Thödol). So entgeht der integrierte Mensch zwar dem Zerfall, dem die triebhaften Einprägungen anheimgegeben sind (Pistis Sophia), doch erleidet er das Fegefeuer der leidenschaftlichen Konflikte, die er hervorgerufen hat, bis die psychische Substanz von ihren negativen Bildern (und nur von diesen) gereinigt ist und wieder in die kollektive Substanz aufgenommen wird, anstatt wie im zuvor beschriebenen Fall im Urchaos zu verschwinden. Hier ist die Rolle und Bedeutung des mythischen (Horus) oder historischen (Christus, Buddha) Erlösers zu betonen, insbesondere als »Versammler der vielfältigen Seelen«. Demzufolge könnten die seelenführenden Gottheiten, die die verstorbene Seele empfangen, kollektive geistig-seelische Hervorbringungen sein, die die momentanen individuellen Entbehrungen aufgrund der Tatsache des Todes lindern. Hier finden der Heiligenkult und wohl auch der Ahnenkult ihre volle Rechtfertigung.

Ab diesem Punkt gehen die verschiedenen Lehren auseinander, doch bleibt ein gemeinsames Element: die Erhaltung der psychischen Individualität im Schoße des Kollektivs. Vor allem im Hinduismus und im Griechentum erfreut sich die von ihren Fehlern befreite Seele ihrer angesammelten Verdienste, die für das Seelenleben dasselbe sind wie die Früchte für den Baum. Dies ist die Belohnung für die Handlungen im Einklang mit der Gemeinschaftsordnung und natürlich sind dies halluzinatorische Wirkungen, die die Seele unter dem Blick des bewussten Prinzips in einen Paradieszustand versetzen. Dieser Zustand anscheinend maßloser Seligkeit erklärt sich aus der Fähigkeit der Verstorbenen, im Zwischenzustand die Intensität seiner Visionen zu verzehnfachen, die darüber hinaus aus der kollektiven Bilderwelt gespeist werden. Dies gilt im Übrigen auch für die Vorhöllen, in denen die schädlichen Wirkungen früherer Handlungen verbraucht werden, die es dem Verstorbenen verwehren, in die Gemeinschaft zurückzukehren, und die je nach der Schwere der Verfehlungen bis in alle Ewigkeit andauern können (Platon).

Wenn alle Einprägungen der Seele erschöpft sind, sucht das nach wie vor nach Bildern begierige Bewusstsein sofort nach einer neuen Daseinsmöglichkeit, die durch die Wirkungen des vorangegangenen Daseins bestimmt ist. Man kann diese Wirkungen als unerfüllt gebliebene Möglichkeiten verstehen, die das bewusste Prinzip einhüllen und es in Richtung eines bestimmten Schicksals locken (Platon, Bardo Thödol, Vedanta). Dieser Ausgang scheint zwar auf den ersten Blick demjenigen des gewöhnlichen Zustands zu entsprechen, doch hat er den unschätzbaren Vorzug, dass es keinen zweiten Tod gibt und dass die Integrität des bewussten Prinzips erhalten bleibt, das die Möglichkeit einer guten Wiedergeburt hat und die Befreiung in Graden erlangen kann (Vedanta).

In den semitischen Religionen ist der Genuss der guten Wirkungen aufgeschoben. Alle Seelen, die sich nach dem Zurücklassen des Körpers, der Beseitigung der triebhaften Einprägungen und der Reinigung von den Vergehen wider die Gemeinschaft mit der kollektiven Seele (Jungfrau, Schechina, islamische Gemeinschaft) vereinigen können, behalten ihre psychische Individualität, ruhen aber für unbestimmte Zeit »im Staub der Erde«. An diesem Aufenthaltsort der Toten (Scheol) herrscht weder Seligkeit noch Unseligkeit, denn er besteht in der Erwartung einer völligen Wiedervereinigung mit der kollektiven Seele in einem mehr oder weniger unbewussten Zustand. Wenn er manchmal in einem ungünstigen Licht erscheint, dann vor allem wegen der Lage der Seelen, die wieder in die Gemeinschaft eingehen wollen und durch ihre eigenen Vergehen zurückgestoßen werden. In der Apokalypse des Johannes werden im Übrigen zwei Zustände der Toten unterschieden, die symbolisch als die »Mutter« (kollektives Seelenleben) und »Unterwelt« (Aufenthaltsort der Ausgestoßenen) bezeichnet werden.

Hier tritt nun ein zyklisches Element auf, das kurz erläutert werden muss. Wie die periodischen Erscheinungen von Wachen, Traum und Tiefschlaf ihre Entsprechungen im Zustand des Daseins und des Lebens nach dem Tod haben (Zwischenstufe und Endstufe), so kann man diese Analogie auch auf die kosmischen Zyklen übertragen, die traditionell in »göttliche Tage« und »kosmische Nächte« mit den Zwischenstufen der Auflösung (siehe Apokalypse) und der neuen Ausdehnung (siehe Genesis) gegliedert werden. Diese Auffassung, die sich in den semitischen wie in den indoeuropäischen (Bhagavadgîtâ VIII. 17) Traditionen findet, macht den Sinn dieses unbestimmten Verweilens der kollektiven Seele im Reich der Toten (Scheol) verständlich, der den Genuss der erworbenen Verdienste (Paradies) an das Ende der Zeiten verlegt. Hinsichtlich des hinduistischen und griechischen Systems hat diese Auffassung den Vorzug, dass die Seelen endgültig aus dem Kreislauf der Wiedergeburten befreit werden, und andererseits den Nachteil, dass jede Möglichkeit des Fortschreitens durch eine Wiedergeburt ausgeschlossen wird; sie ist jedoch durch das Herannahen des Endes der Zeiten gerechtfertigt und betrifft demgemäß nur die jüngeren Religionen.

Das Ende der Zeiten selbst wird als kollektiver Tod aufgefasst. Die Seelen, die sich nicht wieder in ihre ursprüngliche Gemeinschaft eingliedern konnten, werden ausgestoßen und aufgelöst (ewige Verdammnis). Die übrigen erfreuen sich individuell und in der Nähe des Erlösers der kollektiv erworbenen Verdienste. Wenn alle diese Individualitäten erschöpft sind, wird die kollektive Seele wieder zu einer, und nach der grobstofflichen Manifestation löst sich auch die feinstoffliche Manifestation in der Welt des Formlosen auf. Auf dieser Stufe erfolgt die mystische Vermählung der wiedervereinten kollektiven Seele mit dem bewussten erlösenden Prinzip (geeinter Zustand). Hierauf folgt logisch (aber nicht chronologisch, weil hier die Zeit aufhört und die Gegenwart zur Ewigkeit wird) die Auflösung der formlosen Manifestation und die Verschmelzung mit einem einheitlichen Prinzip im Zustand der Unbedingtheit (Zustand der Befreiung).

Wiewohl nun der Prozess der endgültigen Reintegration in allen Traditionen derselbe ist und auch wenn sich alle kollektiven Seelen notwendigerweise nach der Erschöpfung ihres Paradieses in einer einzigen Weltseele vereinigen, handelt doch jede Gemeinschaft hinsichtlich ihrer Rückkehr gemäß ihren Möglichkeiten, gemäß ihrem kulturellen Daimon und ihrer Eigenart, wobei sie die zyklischen Gesetze und Umstände berücksichtigt. So verbindet offensichtlich das *Bardo Thödol* zweifellos aufgrund jüngerer buddhistischer Einflüsse den Weg der Erlösung mit dem Weg der Seelenwanderung. Im *Totenbuch der Ägypter* scheint es ebenfalls diese beiden Möglichkeiten zu geben, doch ist hier aufgrund der Schwierigkeiten der Textdeutung eine sichere Aussage nicht möglich.

✶

Derjenige, der in sich alle widersprüchlichen Tendenzen vereinigt hat und über die einfache Ebene der individuellen Bekräftigung hinausgelangt ist, legt nach dem Tod einen mehr oder weniger direkten Weg zurück, je nachdem wie weit diese Einigung bereits verwirklicht war. Wenn er noch auf dem Wege dazu und in der Welt engagiert war, üben die triebhaften und seelischen Begierden nach wie vor ihre Wirkung aus, ohne dass sich das bewusste Prinzip wie in den oben geschilderten Fällen an sie anheften würde, weil hier bereits der subtilste Teil der Seele ausgestaltet ist. Wie der Vitalbereich symbolisch mit der Erde und der Bewusstseinsbereich mit dem Mond verbunden ist, so ist der ideale Bereich mit dem Planetenhimmel verbunden, in dem die Götter ihren Sitz haben, also die für die Bildung der Gegensätze verantwortlichen Prinzipien, die die individuellen Eigenarten bestimmen. Wenn diese Gegensätze integriert sind, hören Abstoßung und Anziehung auf und die Götter werden »erkannt«. Der Mensch erwirbt ihre Macht, erkennt ihre Geheimnisse und gerät daher in keine Auseinandersetzung mit den Individualitäten mehr.

Im Augenblick des Todes trennt sich das bewusste Prinzip rasch vom Körper und den triebhaften Einprägungen der seelischen Struktur. Ebenso können die seelischen Einprägungen es nicht im Limbus festhalten, weil es sich sofort mit der kollektiven Seele vereinigt, die sie in sich wiederhergestellt hat. Weil sie nicht mehr der Tyrannei der Individualität unterworfen ist, überwindet sie die zeitliche Sphäre, um in eine ewige Gegenwart einzugehen. In diesem Stadium färben nur noch die idealischen Einprägungen der Seele die Anschauung des bewussten Prinzips, die je nach ihrer Anzahl die Anzahl der sie umgebenden »Götter« bestimmen. Diese sind letztlich nur trügerische Bruchstücke ihrer eigenen Göttlichkeit, die sie zu einem einzigen Gott zusammenfassen und wiedervereinigen muss. Das bewusste Prinzip gliedert sich also nach und nach die idealischen Tendenzen der Seele wieder ein, die sie im Dasein in ihre Umgebung projiziert hat und die auf dieser überindividuellen Ebene zu Aspekten der Weisheit werden, die in der Gleichzeitigkeit alle aufeinanderfolgenden und individuellen Möglichkeiten beherrscht. Wenn alle diese Aspekte zu einer einzigen und farblosen Weisheit verschmelzen, wird die absolute Einheit wiedergefunden und das Bewusstsein gelangt auf die Stufe des reinen Seins.

Wie in den buddhistischen Darstellungen, in denen jede Gottheit mit ihrer Gefährtin vereint ist, die die Weisheit oder die Macht der Gottheit symbolisiert, wird dieser Zustand traditionell in der mystischen Einigung erreicht, bei der das bewusste Prinzip buchstäblich die Substanz der Seele »verzehrt«, die es in sich aufnimmt, wobei schrittweise ein Übergang von einer vielfältigen Vereinigung zu einer einzigen Vermählung erfolgt. Die Begierde findet hier ihre Fülle, ihre Erfüllung und ihr Ziel, denn die aller Formen ledige Seele versammelt in sich alle Formen. In derselben Weise geht aus der Vereinigung des Erkennenden mit der Gesamtheit des Erkannten die vollständige Erkenntnis hervor. Dieser Zustand ist der Schnittpunkt zwischen dem Manifesten und dem Nichtmanifesten.

Der eben beschriebene Vorgang ist völlig mit demjenigen identisch, der oben im Zusammenhang mit der Erschöpfung der Individualitäten im Paradieszustand am Ende der Zeiten beschrieben wurde. Das Paradies der semitischen Religionen wie der indoeuropäischen Traditionen kann insofern nicht ewig sein, als es eine Vergeltung der angesammelten Verdienste darstellt, die sich immer auf der feinstofflichen und individuellen Ebene vollzieht. Man kann daher sagen, dass die Individualitäten immer mehr in der kollektiven Seele aufgehen, je mehr sich ihre Verdienste erschöpfen, weil sie nichts mehr voneinander unterscheidet und weil diese kollektive Seele, wenn sie einmal aller Formen ledig geworden ist, selbst wiederum die zeitliche Sphäre verlässt, um sich mit ihrem Erlöserprinzip zu vereinigen. Diese Prozesse sind identisch und miteinander verschmolzen (auch wenn ein Mensch diese Stufe individuell und vor dem Ende der Zeiten erlangt), denn die Zeit löst sich jenseits der Individualität nach und nach in der Ewigkeit auf, in der alles gleichzeitig wird.

Daraus ergibt sich, dass die Erlangung der höheren Zustände (der vielfachen Götter oder des einzigen Gottes) nicht mehr chronologisch im existenziellen Sinn des Ausdrucks ist, sondern – wenn man dies so sagen kann – immer weniger chronologisch und immer mehr gleichzeitig, bis schließlich der Endpunkt der Zeit erreicht wird, der mit dem absoluten Raum zusammenfällt.

Der Mensch, der sich von den Daseinsbedingungen überhaupt befreit hat, gelangt nach dem Tod zu einer unmittelbaren Befreiung von allen Formen der Manifestation, weil er schon im Dasein die mystische Einigung vollzogen und die ursprüngliche Androgynie verwirklicht hat. Weil die Begierde ihr letztes Ziel erreicht hat, ist alle Erkenntnis erlangt, und der befreite Mensch projiziert nichts mehr in seine Umgebung. Hieraus folgt, dass alle alten Einprägungen aus der Seele ausgelöscht werden, die noch während des Daseins oder im Augenblick des Todes die Einheit erlangt, und dass der Mensch sofort in den unbedingten Zustand eingeht.

Das Gericht

Die Darstellung der Lehren hat gezeigt, dass das Gericht nach dem Tod – eine in allen Traditionen mehr oder weniger stark ausgeprägte Vorstellung – in den Ereignissen nach dem Tod jeweils einen unterschiedlichen Platz und auch eine unterschiedliche Bedeutung hat.

So kann das Gericht der Vergeltung vorangehen (Platon) oder den Strafen folgen (Pistis Sophia). Es kann immanent sein (Bardo Thödol) oder den entscheidenden Punkt und das Ziel der Reise markieren (Totenbuch der Ägypter). Manchmal erfolgt es sofort, manchmal zu einem späteren Zeitpunkt (Sohar), manchmal beides (Pistis Sophia). Es kann kollektiv (Jüngstes Gericht) oder individuell sein und es kann sich auch auf eine einfache Prüfung beschränken, die den Seelen eine Orientierung geben soll (Vedanta, Pistis Sophia).

Zwar findet sich auch hier eine gewisse Differenzierung je nach dem Grad der Erweckung, doch stellt man trotzdem eine gewisse Homogenität der Auffassungen fest. Das Gericht nach dem Tod betrifft weder die gewöhnlichen Menschen, die kaum einmal Rede und Antwort stehen müssen und die den Wert des

Gerichts nicht erkennen können (Ausnahme: Pistis Sophia), noch Menschen, die einen gewissen Grad der Einung erlangt haben und unmittelbar den »Weg der Götter« beschreiten, und natürlich erst recht nicht diejenigen, die befreit sind. Letztlich werden immer nur die Menschen, die einfach in das jeweilige Kollektiv eingebunden sind, dem Gericht unterworfen, und dies erklärt sich daraus, dass die Vergehen und Verdienste durch kollektive Weise auf einer psychischen Ebene definiert sind. Jedes Gerichtsverfahren kann nur eine Angelegenheit zwischen einem Kollektiv und einem Einzelnen sein und man kann sich ohne Kollektiv kein Rechtswesen vorstellen. Dieser Zustand wird im Allgemeinen im sozialen Dasein erlebt, und zwar nicht nur in der Ausübung der offiziellen Gerichtsbarkeit, sondern auch in ganz alltäglichen Beziehungen. Es ist daher völlig natürlich, dass das Gericht auch im Leben nach dem Tod einen Platz hat, dass es ihm in irgendeiner Weise immanent ist, denn es prägt das Dasein der menschlichen Individualität ganz wesentlich.

So häuft jeder Mensch mit Ausnahme derjenigen, die ihren Platz per definitionem unterhalb oder oberhalb der individuellen und gesellschaftlichen Werte haben, Vergehen und Verdienste bezüglich des Kollektivs auf sich. Diese Vergehen und Verdienste sind weder gegeneinander aufrechenbar, noch verhalten sie sich umgekehrt proportional zueinander und es ist sehr wohl möglich, dass ein Mensch weder das eine noch das andere ansammelt. Dies erklärt, warum das Gericht nach dem Tod auch nach Abbüßung der Vergehen stattfinden kann, und es lässt erkennen, dass das Ziel vor allen Dingen die Bewertung der Verdienste ist.

Die Vergehen können – wiederum im Zusammenhang mit den drei Ebenen psychischer Aktivität – von unterschiedlicher Schwere sein. Wenn sie in einer übermäßigen Betonung der Befriedigung der Triebbedürfnisse liegen, stellen sie kein Vergehen gegen das Kollektiv dar, weil sie unterhalb der Ebene der geistigen Werte liegen, aber das Seelenaggregat belasten und seine Ablösung von der körperlichen Hülle verzögern. Wenn sie aus Anlass leidenschaftlicher Konflikte mit anderen Individualitäten oder dem Kollektiv als Ganzem begangen wurden, verschieben sie die Integration in die Gemeinschaft auf unbestimmte Zeit, wobei der Begriff der Sühne zum Tragen kommt. Wenn sie schließlich gegen den Geist der Gemeinschaft selbst begangen wurden, das heißt auf der geistigen Ebene, führen sie zur endgültigen Ausstoßung, die mit der »ewigen Verdammnis« gleichzusetzen ist. Die Traditionen und insbesondere die semitischen Religionen messen den Sünden »wider den Geist« (Gotteslästerung, Sakrilegien usw.) größte Bedeutung bei, die nicht weniger beinhalten als die Leugnung jeglicher Transzendenz und die Zerstörung des Gemeinschaftsgeistes. Es versteht sich von selbst, dass ein Mensch, der aus seiner Gemeinschaft ausgestoßen ist, zur Einsamkeit nach dem Tode verurteilt ist, an deren Ende Auflösung und Vernichtung stehen.

Im Zusammenhang mit diesen drei Grundtypen von Vergehen, die negative Einprägungen bilden und die aufgrund der Fluidität der Seele im Zustand nach dem Tod sofort offensichtlich werden und in unterschiedlichem Grad abstoßend sind, steht darüber hinaus eine weitere Art von Vergehen, die von den traditionellen Kulturen scharf verurteilt werden: diejenigen, die mit dem Geheimnis der Sexualität zu tun haben. Vor allem im Falle sexueller Abweichungen ist ja die Gesamtheit der seelischen Struktur betroffen, und wenn man sich die Ausführungen im Zusammenhang mit der notwendigen Einswerdung der Seelensubstanz (weiblich) mit der Geistsubstanz (männlich) erinnert, ist verständlich, dass jeder Verstoß gegen dieses Gesetz – auf individueller wie auf gesellschaftlicher Ebene – den Vollzug und Abschluss dieses Prozesses in höchstem Maße gefährdet.

Die Frage der Verdienste scheint viel einfacher zu sein. Zu diesen zählt jede Form einer normalen Verwirklichung der individuellen Möglichkeiten gemäß der Natur des Einzelnen und der gesellschaftlichen Normen. Die rituellen Handlungen sind im Allgemeinen am verdienstvollsten, weil sie die psychische Struktur als Ganzes und auf allen Ebenen durchdringen und auf nichts anderes als den Zusammenhalt des Göttlichen mit seiner Manifestation abzielen. In den Traditionen, die ihre Vitalität noch erhalten haben, ist im Übrigen keine Unterscheidung zwischen Heiligem und Profanem vorstellbar und jede Handlung, auch die alltäglichste, gewinnt dadurch den Rang eines Opfers und Rituals, womit alle Ebenen der Manifestation in vollkommener Gleichzeitigkeit miteinander verbunden sind. Die rituelle Handlung erhält ihre Bedeutung dadurch, dass sie die individuelle Seele in ihren tiefen Strukturen gestaltet, den Zusammenhang und Zusammenhalt der Gemeinschaft ermöglicht, die idealen Archetypen in der Welt der Erscheinungen manifestiert und diese in allen Aktivitäten der traditionellen Gesellschaft zur Vollendung führt. Als solche schafft sie die kollektive Identität und durch die Vermittlung künstlerischer, religiöser, literarischer, kunsthandwerklicher oder anderer Manifestationen die kulturelle Identität im eigentlichen

Sinne. Dies geschieht niemals zweckfrei: Das Ziel ist die Strukturierung der kollektiven Bilderwelt und auf diesem Weg die Reintegration der Individualitäten über die vielfältigen Seinszustände in die ursprüngliche Einheit.

Das Verdienst des Einzelnen besteht also darin, dass er diese kollektive Bilderwelt ordnet, nährt, bereichert, diszipliniert, und dies geschieht durch Projektion in alle gesellschaftlichen Funktionen. Der Einzelne, der hieran mitgewirkt hat, hat seine Möglichkeiten Früchte tragen lassen. Im umgekehrten Fall bleibt er »unfruchtbar« und wird aus der Gesellschaft ausgestoßen (Sohar, Evangelien).

Diese Sichtweise der Bedeutung des Gerichts nach dem Tod lässt verstehen, warum die traditionellen Autoritäten dem Dogma so große Bedeutung beimessen, das gewissermaßen die Architektur des kollektiven psychischen Raumes ist und das um jeden Preis eingehalten werden muss. Sie erklärt auch, warum die historischen Schismen und kollektiven Häresien, die einer Spaltung der gemeinsamen Seele gleichkamen, die Gemüter so heftig erregten. Damit sollen in keiner Weise gewisse inquisitorische Auswüchse gerechtfertigt werden, sondern es soll lediglich auf die tieferen Gründe dieser Erscheinungen verwiesen werden. Es wäre einfach unvorstellbar, dass sich ein traditionelles Kollektiv unendlich spaltet und sich ohne Normen und Fixpunkte irgendwo verliert, denn dies wäre im Widerspruch zu ihrer Berufung. Man muss dies nachdrücklich betonen: Eine solche Gesellschaft hat die Aufgabe, die Individualitäten nicht nur im Raum, sondern auch in der Zeit zu sammeln. In ihr müssen sich die Ahnen wie die fernen Nachkommen im Zustand nach dem Tod wiederfinden und deshalb müssen alle Individuen in ihr denselben Aufenthaltsort bauen, dieselbe Sprache sprechen und sich in ihr wiedererkennen. Die notwendige Konsequenz ist, dass die Traditionen starre Institutionen errichten, um die Auflösung der Zeit zu bekämpfen und ihren Raum einzurichten; sie »exkommunizieren« und stoßen jeden aus, der ihnen Schaden zufügt.

*

Bisher war nur von den traditionellen Gesellschaften und ihrer Zukunft nach dem Tod die Rede. Was allerdings die moderne westliche Gesellschaft betrifft, so schließt sie sich durch ihre eigene Entscheidung von diesem Prozess aus. Sich über ihre Zukunft auszusprechen hat aber andererseits aus einem Grund, der direkt mit ihrer Natur zusammenhängt, keinen Sinn: Sie selbst spricht sich hierüber nicht aus und will sich nicht aussprechen. Ohne dies weiter prüfen zu müssen, ist nach dem Dargestellten die Erkenntnis unausweichlich, dass sie keine Zukunft nach dem Tode hat - was sie wohlweislich auch nicht für sich in Anspruch nimmt. Es ist im Übrigen nicht angemessen, von einer westlichen Kultur zu sprechen, da diese die Erbin einer ihres Einflusses wie ihrer Transzendenz weitgehend beraubten christlichen Ära ist. Dieser Fall ist in der Geschichte nicht einmalig. Auch das Römische Reich war eine Ansammlung unterschiedlicher religiöser Gemeinschaften wie auch atheistischer Einzelner. Man muss also diese Aussage dahingehend relativieren, dass das Christentum, auch wenn es nur mehr eine gesellschaftliche Minderheit ausmacht, nach wie vor seine Berufung der Sammlung bis zur völligen Ausschöpfung seiner Möglichkeiten wahrnimmt, was in seinem Fall dem Ende der Zeiten entspricht. Damit stellt sich die entscheidende Frage des Urteils, das auf allen Ebenen des Daseins vernommen wird, auch und vor allem im Sinn des Hörens. Der gewöhnliche Mensch, der ohne erkennbaren Bezugspunkt im Dasein steht, versucht sich als sogenannter zivilisierter Mensch in das Bezugssystem der allgemeingültigen Werte einzuordnen und richtet sein Hauptaugenmerk auf den Schein und die Allmacht des Blicks des Anderen. Weil er unaufhörlich urteilt, wird er davon abhängig. Es ist nicht verwunderlich, dass dies im Dasein nach dem Tode sein

Denken beherrscht, dass ihn seine Fehler und seine Vorzüge in ständig wechselndes Ungemach stürzen. Ganz anders der Weise, der über die Dualität der Erscheinungen hinausgelangt ist und nicht mehr urteilt, der von seinen alten Fehlern ebenso wie von seinen angesammelten Verdiensten befreit ist und für dessen Bewusstsein sowohl die Hölle als auch das Paradies ein enger Kerker ist.

Der moderne Mensch ist immer der Erbe seiner eigenen Kreationen, was auch immer sein Schicksal und seine Bestimmung sein mögen. Hierin ist er Schöpfer, Architekt seines eigenen Raums nach dem Tod, Gott gleich und in ihm aufgelöst. Er wird, was er denkt, was er sagt, was er tut, und doch ignoriert er seine eigenen weltschöpferischen Fähigkeiten. Als Impuls des Nichtseins gegenüber dem reinen Sein befrachtet er sich mit einem genetischen, psychischen und archetypischen »Programm«, weil er eine der unendlichen Manifestationsmöglichkeiten ausführen muss. Dieses Programm braucht er, um das Feld der Bedeutungen zu definieren, die ihn zum reinen Bewusstsein führen können, und damit er sich nicht in der wogenden Vielfalt der Phänomene verliert, die er selbst erzeugt hat.

Es gibt keine Dualität Mensch-Gott, sondern nur einen unbestimmten Antrieb von Bewusstseinsfragmenten in Richtung einer einheitlichen Erkenntnis. Es gibt keine Dualität Geist-Materie, sondern nur Verdichtungsgrade, die das Nichtbewusste in das Werdende führen können. In diesem Kontinuum hat die Frage keinen Sinn, ob es »Gott gibt«, denn es genügt die Erkenntnis, dass nur das Bewusstsein existiert; ebenso ist es absurd zu glauben, dass das Bewusstsein aus der Materie entstanden sei, denn diese Materie ist nichts weiter als sich formendes Bewusstsein.

Zum Autor

Dominique Viseux, geb. 1951 in Boulogne sur mer, lebt in der Picardie und in der Champagne. In Amiens hat er als Professor für Bildende und Angewandte Kunst unterrichtet und praktiziert. Er ist Publizist für religionswissenschaftliche Themen, vor allem im Hinblick auf Symbolik, Kunst, Quellenforschung und Einweihungsritus. Er veröffentlichte zahlreiche Aufsätze und Monographien, in denen er sich, unter anderem am Beispiel des Artus-Stoffes und an indo-europäischen Legenden, wissenschaftlich-essayistisch mit Liebe, Tod und der Apokalypse des Johannes auseinandersetzt. Seine Veröffentlichungen umfassen bislang Romane, Essays, Theaterstücke und Novellensammlungen. Neben seinem Interesse für die mythische Bilderwelt und die Geschichte der Kulturen widmet er sich der Malerei und der Bildhauerei sowie den Studien der Symbolik in der Kunst.

Literatur

Quellen der (französischen) Originalausgabe

Die von Dominique Viseux zugrunde gelegten Ausgaben sind mit
* gekennzeichnet.

Le Livre des Morts des anciens Égyptiens *(übers. v. G. Kolpaktchy), Éditions de l'Omnium littéraire, 1973.**

Pistis Sophia *(übers. v. L. Amélineau), Mailand: Éditions Arche, 1975.**

Sepher Ha-Zohar *(übers. v. J. de Pauly), 6 Bde., Paris: Éditions Maisonneuve et Larose, 1970.**

Platon: Timée *(übers. v. E. Chambry), Paris: Éditions Garnier Flammarion, 1969.**

Platon: Gorgias *(übers. v. E. Chambry), Paris: Éditions Garnier Flammarion, 1967.*

Platon: La République *(übers. v. R. Baccou), Paris: Éditions Garnier Flammarion, 1966.*

Platon: Phédon *(übers. v. E. Chambry), Paris: Éditions Garnier Flammarion, 1965.*

Chândogya Upanishad *(übers. v. E. Senart), Paris: Éditions Les Beiles Lettres, 1971.**

Brihad-Aranyaka Upanishad *(übers. v. E. Senart), Paris: Éditions Les Beiles Lettres, 1967.*

Kausitaki Upanishad *(übers. v. T. Varenne), Paris: Éditions Galli- mard, 1967.*
Bhagavadgîtâ *(übers. v. Shri Aurobindo), Moulins les Metz: Éditions Maisonneuve, 1974.*
Bardo Thödol *(übers. v. M. La Fuente), Moulins les Metz: Éditions Maisonneuve, 1974.**

Quellen in deutscher Sprache

Die vom Übersetzer verwendeten Ausgaben sind mit * gekennzeichnet.

Das Totenbuch der Ägypter

Das Totenbuch der Ägypter. *Eingeleitet, übersetzt und erläutert von Erik Hornung, Darmstadt: Wissenschaftliche Buchgesellschaft, 1990.**
Das Totenbuch der Ägypter. *Eingeleitet, übersetzt und erläutert von Erik Hornung, München: Goldmann, 1993.*
Ägyptisches Totenbuch. *Übersetzt und kommentiert von Gregoire Kolpaktchy, Weilheim/Obb.: O. W. Barth, 1970.*

Pistis Sophia

Pistis Sophia. *Ein gnostisches Originalwerk des dritten Jahrhunderts. Aus dem Koptischen übersetzt, herausgegeben von Carl Schmidt, Leipzig: J. C. Hinrichs'sche Buchhandlung, 1925.*

Weltrevolution der Seele. *Ein Lese- und Arbeitsbuch der Gnosis. Herausgegeben von Peter Sloterdijk u. Thomas H. Macho, München: Artemis, 2. Auflage 1993.*

Der Sohar

Der Sohar. *Das heilige Buch der Kabbala, nach dem Urtext herausgegeben von Ernst Müller, Wien: Dr. Heinrich Glanz, 1932.*

Der Sohar. *Das Heilige Buch der Kabbala. Übertragen und herausgegeben von Ernst Müller, München: Eugen Diederichs, 6. Auflage der Neuausgabe 1993.**

Die platonischen Mythen

Platon. *Sämtliche Dialoge, 7 Bände. Herausgegeben von Otto Apelt, Hamburg: Meiner, 1988.**

Platon. *Sämtliche Werke, griech./dt., 10 Bände. Herausgegeben von Karlheinz Hülser, Frankfurt am Main: Insel, 1991.*

Platon. *Sämtliche Werke. Herausgegeben von Otto F. Walter, Ernesto Grassi und Gert Plamböck, Reinbek: Rowohlt, o. J.*

Platon. *Sämtliche Werke, 3 Bände. Herausgegeben von Erich Loewenthal, Heidelberg: Lambert Schneider, 8. durchgesehene Auflage 1982.*

Der Vedanta

Sechzig Upanishads des Veda. *Aus dem Sanskrit übersetzt und mit Einleitungen und Anmerkungen ver-*

sehen von Paul Deussen, Leipzig: F. A. Brockhaus, 3. Auflage 1938.

Upanishaden. *Die Geheimlehre der Inder. Übertragen und eingeleitet von Alfred Hillebrandt, München: Eugen Diederichs, 15. Auflage 1994.**

Bhagavadgita / Aschtavakragita. *Indiens heilige Gesänge. Übertragen und kommentiert von Leopold von Schroeder und Heinrich Zimmer, München: Eugen Diederichs, 7. Auflage 1992.*

Das Totenbuch der Tibeter

Das Totenbuch der Tibeter. *Herausgegeben von Francesca Fremantle und Chögyam Trungpa, München: Eugen Diederichs, 15. Auflage 1993.**

Das Tibetische Buch der Toten. *Eingeleitet von Lama Anagarika Govinda. Herausgegeben von Eva K. Dargyay in Zusammenarbeit mit Gesche Lobsang Dargyay, München: Scherz, 6. Auflage 1991.*

Das Tibetanische Totenbuch oder die Nachtod-Erfahrungen auf der Bardo-Stufe. *Herausgegeben von W. Y. Evans-Wentz. Neu bearbeitet, kommentiert und eingeleitet von Lama Anagarika Govinda, Olten und Freiburg: Walter, erweiterte und verbesserte siebte Auflage, 1971.*

Das Tibetanische Totenbuch. *Herausgegeben von Walter Y. Evans-Wentz, Zürich: Rascher 1984.*

Gerhard Wehr

Heilige Hochzeit

Symbol und Erfahrung menschlicher Reifung

Das Mysterium coniunctionis ist die Angelegenheit des Menschen. Er ist der Nymphagogos (Brautführer) der himmlischen Hochzeit. Wie kann sich ein Mensch von diesem Geschehen distanzieren?

C. G. Jung an Erich Neumann (1952)

Die Heilige Hochzeit weht als überirdischer Duft aus der Antike in unsere Zeit herüber. Ob man die Unio Mystica im alten Ägypten, dem hellenistischen Eleusis, in der Alchemie oder im Gedankengut der Rosenkreuzer in seinem Herzen bewegt, als letztes Geheimnis aller Mysterienkulte krönt die Vereinigung der Gegensätze alle Bemühungen um Erkenntnis und Weisheit. Sol und Luna, Mann und Frau, Anima und Animus, diese zwei Seiten einer Münze sind Ausdruck irdischer Dualität, die an der Schwelle des höchsten Himmelstores miteinander verschmelzen. Gerhard Wehr gelingt es mit diesem Werk, den Hieros Gamos als Akt initiatischer Lichterhebung aus den Schleiern der Mysterien hervortreten zu lassen. Im Anblick dieser Herrlichkeit beschleicht den Leser eine Ahnung, was es bedeuten könnte, die legendäre Vereinigung von Sol und Luna in der irdischen Partnerschaft von Mann und Frau beginnen zu lassen. Allein durch die Ausdehnung der erotischen Liebe auf seelische Tiefe und geistige Höhe wird höchstes Herzensglück erfahrbar. Erst die Lieblichkeit wahrer Minne, welche Eros, Philia und Agape in harmonischer Eintracht zu leben vermag, führt in das Wiederentdecken der Einheit als wahre Heimat der menschlichen Seele.

ISBN 978-3-939647-05-8
Hardcover, einige Abbildungen
244 Seiten
€ 28,00

Versand portofrei
innerhalb von zwei Tagen

Edition Pleroma
Marktstraße 132
60388 Frankfurt

Tel: 0 61 09 - 72 35 79
info @edition-pleroma.de
www.edition-pleroma.de